Johann Georg Schelhorn

Kleine historische Schriften

Zweiter Teil

Johann Georg Schelhorn

Kleine historische Schriften
Zweiter Teil

ISBN/EAN: 9783744701174

Hergestellt in Europa, USA, Kanada, Australien, Japan

Cover: Foto ©ninafisch / pixelio.de

Weitere Bücher finden Sie auf **www.hansebooks.com**

J. G. Schelhorns,
Predigers und Stadtbibliothekars in Memmingen,
auch Mitgliedes des königl. Instituts historischer
Wissenschaften in Göttingen,

Kleine historische Schriften.

Zweyter Theil.

Memmingen,
bey Andreas Seyler. 1790.

Vorrede.

Mir ist es sehr unangenehm, daß ich den Anfang dieses Theiles mit einer Streitschrift machen muß. Allein es war unmöglich, dieser lästigen Nothwendigkeit auszuweichen. Die Ursachen davon habe ich in meiner Vertheidigung schon angezeigt. Weiter werde ich mich wohl mit den Augsburgischen Herren Kritikern in ein Federgefechte nicht einlassen. Sie schreiben so anzüglich, und unbescheiden, daß jedem vernünftigen Leser von billiger Denkungsart, und feinem Geschmacke vor ihrem Vortrag eckeln muß. Sie haben ihre Angriffe wider mich in einigen neuen Stücken ihrer Kritik schon fortgesetzet. Und da haben sie weiter nichts gethan, als daß sie Ohrenbeicht, und Bekenntnisse bey der ehemaligen öffentlichen Kirchenbuß gewöhnlich miteinander verwechseln, Thatsachen, die kein Kenner der Geschichte leugnen wird, und die ich auch gerne zugebe, und schon zugegeben habe, nach ihren Ideen umdeuten, und den rauhen Ton der Widerlegung immer gröber stimmen. Es ist unbegreiflich, wie Männer, die auf den Besitz eines gesunden Verstandes Anspruch machen, und sich vorzügliche Einsichten zutrauen, so sehr sich vergessen, und so meisterhaft geübt in der ungesitteten Pöbelsprache werden können. Sie haben noch unter ihren Schwäbischen Glaubensbrüdern Zunftgenossen. Allein, zur schuldigen Ehre meines Vaterlandes sey es gesagt, es ist nur noch ein kleines Häuflein, das von andern gesitteten Katholiken aus allen Ländern, mit billigem Misfallen, und Unwillen, betrachtet wird. Selbst Männer, die ganz mit ihren Grundsätzen übereinstimmen, verbergen ihren Mismuth und Tadel

del über ihre Streitmethode nicht, und bedauren wehmüthig, daß es in unserm Vaterlande noch Kämpfer für die Lehren ihrer Kirche, von so entehrender Sorte giebt. Der Rechtschaffene und Wohlgesittete liebt und ehrt den Mann, der seiner innern Ueberzeugung treu bleibt, für dieselbe spricht, und sie vertheidiget, wenn sie gleich nicht an seine eigene Ueberzeugung paßt. Wenn er aber durch Andringlichkeiten, ungesitteten Pöbelwitz, und Schimpfen ihn gleichsam nothzüchtigen will, denn verliert sich zwar seine Liebe nicht, die er jedem Menschen schuldig ist; allein es wird ihm schwer, sich eines verachtenden Mitleidens gegen seine Unartigkeit zu erwehren. Meine Gegner scheinen sich ganz sonderbare und seltsame Begriffe von dem Rechte zu reden, und zu schreiben, gebildet zu haben. Der Katholik soll frey seine Lehren vortragen und vertheidigen dürfen; aber der Protestant soll sie nur in seinem Herzen behalten, und sich ja nicht gelüsten lassen, sie wider je einen

Angriff zu vertheidigen. Im erstern Punkt haben meine Gegner gewiß Recht, wenn er nur mit Bescheidenheit befolgt wird. Aber die andere Behauptung —? die ist gewaltige Ungerechtigkeit, und kann nur aus einem Herzen kommen, das sich selbst durch stolzen Eigendünkel entehret. Die Herren Augsburger Kritiker sollen meistens Exjesuiten seyn. Wenigstens wird ihre Kritik in dem ehemaligen Profeßhause dieses gewesten Ordens zu Augsburg verlegt, und ausgegeben. Ich bin nicht so lieblos und unbescheiden, allen Exjesuiten gleiche Denkungsart und Unhöflichkeit zuzutrauen, als die Herren Kritiker öffentlich verrathen. Ich würde mich wider meine Ueberzeugung und Erfahrung versündigen. Ich kenne trefliche Männer, die ehedem in diesem Orden gestanden, die durch Frömmigkeit und Gelehrsamkeit, guten Geschmack, edle Sitten, und ausgebreitete Verdienste, sich auf die rühmlichste Art auszeichnen. Und mit der reinesten Hochachtung ehre
ich)

ich sie. Ich muß dieß hier erinnern, um gewissen Mißdeutungen, (zu denen man oft so schnell hineilt,) einiger meiner in der Vertheidigung vorkommenden Aeusserungen, auszuweichen.

Die Beyträge zur Geschichte der Verzeichnisse verbotener Bücher, und der Verstümmelungsregister, so wie die Bemerkungen über Schwäbische Klosterdiplome, werde ich fortsetzen. Die Beschäftigung mit den Diplomen ist insbesondere wichtig, da zum gründlichen Studium der Vaterlandsgeschichte, die strengste Untersuchungen über dergleichen Urkunden anzustellen, schlechterdings nöthig ist. Diplome sind Hauptquellen historischer Angaben, und auf ihre ungezweifelte Richtigkeit kommt ausnehmend viel an.

Briefe gelehrter und berühmter Männer sind nur durch einen Zufall in diesen Theil schon gekommen. Ihre Stelle war für das Leben des Ulmischen Reformators, Conr. Soms, bestimmt, das schon völlig ausgefertiget, und zum Drucke zubereitet war. Allein ein junger

ger Gelehrter aus Ulm, der unserm Schwäbischen Vaterland Ehre macht, mein Freund Herr Magister Veesenmayer hat meinen Vorsatz umgestimmet. Seine Inauguraldisputation: Specimen vicissitudines doctrinæ de S. C. in Ecclesia Vlmensi, exhibens; Altdorfii 1789. (ein wichtiges Geschenk für den Liebhaber und Forscher der vaterländischen Kirchengeschichte,) die im October des vorigen Jahres zu Altdorf gedruckt wurde, ertheilt von dem des dankbarsten Andenkens würdigen C. Som, weit reichhaltigere Nachrichten, als ich hätte mittheilen können. Doch sind dem liebenswürdigen und fleißigen jungen Schriftsteller, einige nicht unbedeutende Umstände der Geschichte des Ulmischen Reformators unbekannt geblieben, die, wenn ich noch mehrere darzu werde gesammelt haben, noch zu einer andern Zeit erzählt werden können.

Memmingen
den 9. Jenner 1790.

Vertheidigung
des zweyten Stückes, des ersten Theils,
gegen eine
Augsburgische Kritik.

O! dreymal seliges Schwaben! Jetzt wirds wieder helle! Von dir wird ausgehen der Glanz, der alle Welt, die im Finstern und Schatten des Todes sitzet, erleuchtet. So wars als ein Weißlinger, und nach ihm ein Bandel am Kirchenhimmel witterten. Aber das war nur Dämmerung. Jetzt ein Kr... ein Schm... ein We... und ein... (ach! wenn ich doch diesen vierten kennte! wie wollt' ich mich unter den Stralen seiner Weisheit so lieblich sonnen!) jetzt diese Kraftmänner! — Nun wirds ganz helle.

helle. Ach ihr armen Erzketzer, Ketzer und Ketzerchen, Eybel, Werkmeister, Royko, Ruf, (der ist gar einer, Gott behüt uns!) man wird euch den Weg aus der Kirche weisen. Mit der Brandfackel wird man ihn euch weisen. Ich armer Schächer habe nie zur Kirche gehört, denn mein Vater hat mich in verdammter Ketzerey gezeuget, und meine Mutter mußte schon so, wie ich gezeuget war, mich auf die Welt bringen. Natürlicher Weise konnte sie nicht anders. Und da war schon mein erster Eintritt ins Land der Sterblichen, nach den Begriffen der Herren Kritiker, formelle Ketzerey. Also können mir Kr.... Schm.... We.... und Konsorten nicht aus der Kirche leuchten, in der ich nie gewesen bin. Aber sonst können sie mir an Seel und Leib großen Schaden thun. Meinen Verstand — er ist ohnehin kurzsichtig, können sie mir rauben. Ihr Witz, o! der ist subtil, und sticht desto tiefer, kann mich tödten! Und was ist schon geschehen? Das will ich sogleich klagen. Was wird noch geschehen? Nolite esse solliciti
in

in craſtinum. Craſtinus enim dies ſollicitus erit ſibi ipſi. Sufficit diei malitia ſua.

Was iſt ſchon geſchehen? Da liegts hingeſtreckt auf dem langen Boden, das proteſtantiſche Idol von Oberſchwaben. Das wär' ich? Idol? — proteſtantiſches Idol? — und das von Oberſchwaben? Vom Lech bis an die Donau — bis an die Schweiz? — bis an die Tyroler Alpen? Das hab ich ſelbſt nie gewußt. So hab ich nie geträumt, ſo hab ich nie gefabelt.

Ihnen, Ihrem himmliſchen Witze, Herren Kritiker am Leche! der Nr. 39. dieſes Jahrs Ihrer Kritik, habe ich es zu danken, daß ich es nun weiß. Aber, um Himmels Willen! der Kreis iſt zu weit, den Sie mir zur Regierung anwieſen. Allenfalls Allgöw könnte ich beſtreiten. Aber auch das nur mit ſaurer Mühe. Nun auch das nicht mehr. Denn da liegts auf allen Vieren, und leckt den Staub auf Ihr Machtwort, das armſelige Idol!

Hätten Sie mir doch nur meinen Dreyfuß gelaſſen! Ihr naiver Witz macht Sie gar zu unbarmbarmherzig. Das heißt grausam mit einemmale von der Höhe allzutief hinunter stürzen. Sie haben es zwar nicht unmittelbar gethan. Ich selbst, wer kann im plötzlichen Schrecken sehen wohin er fällt? ich selbst vom Blitz aus ihrem Olymp getroffen, bin leider! auf meinen Drey=fuß gefallen, und habe ihn, das war meine letz=te Kraft, ganz zerschmettert. Wenn nun auch Männer von einem erhabnen Stan=de, und selbst großen Fähigkeiten, so bald sie Memmingen betreten, zu mir als gleich zu einem Apollo von Delphi wallen, und einen Orakelspruch mit sich nach Hause nehmen wollen (*); meine Herren, wes Stands, Würde, Alters, Religion, Ordens

Sie

(*) Die Herren Kritiker wissen doch die Sache nicht ganz. Nicht alle Fremde die zu mir kommen, wol=len Orakel bey mir holen. Einige haben mich auch zum Gehülfen beym Schatzgraben und Teu=felsbannen, machen wollen. Und darunter wa=ren auch Erjesuiten von ... Aber sie sind an den unrechten Mann gekommen. Das haben sie wohl erfahren. Nun habe ich von solchen Besu=chen so ziemlich Frieden. Doch nicht ganz. Noch

zu

Sie sind, ich kann Sie nicht bedienen. Ego tanquam surdus non audio. Et sicut mutus non aperiens os suum.

Und ohne daß Sie Orakel gehöret hätten, soll ich Sie vom Memmingischen Delphi wegziehen lassen? Nein! so undienstfertig kann ich nicht seyn. Kommen Sie nur. Ich bin nicht der einzige in Memmingen, dem man Gelehrsamkeit zumuthet (vermuthlich soll es heißen: zutrauet; wenns richtig teutsch gesprochen seyn soll!) auch nicht der einzige, der im historischen Fach Kenntnisse besitzen soll. Wenn auch hier alle andere protestantische Gelehrte, deren Anzahl für einen so kleinen Ort nicht geringe ist, wie ich, nur zu-

---

zuweilen spukt ein so gieriger Ausspäher des verborgenen Geldtopfes, um mich herum. Aber; woher solch ein Vertrauen zu einem Protestanten? Die Herren Kritiker setzen zu ihrer Nachricht von gelehrten Fremden, die zu meinem Dreyfuße walken: Risum teneatis amici! Und ich nehme mir die Freyheit ihrer Verwunderung entgegen zu setzen: Ingemina tremulos naso crispante cachinnos!

gemuthete Gelehrsamkeit besäßen, und also eben so wenig als ich, Lust hätten, Orakel von sich hören zu lassen, so sollen Sie doch nicht leer und hungrig abziehen. Wir haben hier zwey Klöster, deren Bewohner nicht blos Gelehrsamkeit und Kenntnisse besitzen sollen (debebamus esse fällt mir bey; wer kann sich der Combination der Ideen erwehren?) sondern wirklich besitzen. Dahin will ich Sie selbsten führen, mit Ihnen wißgierig hören, und ich weis, Sie und ich, werden nicht leer und unbelehrt heimkehren.

Ich, für mich, thue feyerlich Verzicht auf die Würde eines Idols, auf den Ruhm eines Apolls, auf einen Delphischen Dreyfuß, auf die Geschicklichkeit zu Orakelsprüchen. Und es kommt mich leicht an, was ich mir nie angemaßet habe, was andere nie von mir gefordert, oder erwartet haben, zu missen. Aber, wenn doch die schlauen Kritiker meiner schreckhaften zagenden Seele auf einer andern Seite geschont hätten! Ists doch, als wenn sie mein Herz ganz nackt und blos vor sich sähen! Sie wollen mir weh thun;

thun; und sie haben warlich den empfindlichsten Fleck getroffen. Ich bitte Sie doch, sind Sie nicht so grausam, mich als Beysitzer und Mitstimmer auf ein Koncilium zu citiren. Das ist schon arg genug. Ich kenne die Koncilien ganz wohl, so armselig auch meine historische Kenntniß ist. Koncilien sind für jeden Ordnungsfreund und Friedensliebhaber ein: Noli me tangere.

Und noch oben drein, in Gesellschaft des schon lange vermoderten Spina, soll ich erscheinen! Das wäre vielleicht schon der Mann, hinter den ich mich stecken könnte. Lebte Er itzt, Er würde sich wohl auf einem Kirchenrathe gerne neben die einsichtsvollen und bidern Katholiken, Royko, Zitti, Ruf, Dannenmayer, Hübner, u. s. w. setzen. Und ich? — Wenn ich je auf Ihren Wink dabey seyn müßte, nichts liebers als nur hinter diesen würdigen Männern. Aber ich müßte aus ältern Zeiten noch mehrere erwecken und mitbringen können.

A 4 Aber

Aber Spina ist todt, das wissen Sie. Ich soll ihn aufwecken? — Das ist mir so unmöglich, als Orakel aussprechen. O heiliger Gaßner! du angebeteter Wunderthäter, des katholischen Augsburgs Trost und Hoffnung, trotz der bischöflichen Gegenäußerung, — o! Gaßner! Gaßner wo bist du? nur ein Bißgen deiner Wunderkraft! ein kleiner Bißgen, als ich die Gütigkeit haben kann, um der Bitte der Herren Kritiker zu entsprechen, Platz zu machen! — Doch ich darf mich nicht mit meinem Wunsche an dich wagen. Ich hab dich in deinem Erdenleben erzürnet, heftig erzürnet. Aber daran war der Hexenpatron Dom Ferdinand schuldig. Wo mag der jetzt seyn, Herren Kritiker? liebreiche, sanfte, unfehlbare Richter! im Himmel oder in der Hölle? Ich fürchte, ich fürchte, Sie sagen: Da, wo Werkmeister, Ruf, und Konsorten, alle Aufklärer unserer Tage, hinkommen; und wo Sie mir sonder Zweifel, hochweise und menschenfreundlich, auch schon einen Platz angewiesen haben.

Weiter in meinem eigentlichen Texte. Dom Ferdinand Sterzinger hat mich verführt, mein Scherflein Menschenverstand, mit Gaßners Engelsvernunft, auf die Waagschale zu legen. Schwarz auf Weiß. Gedruckt 1775, und von den Berlinischen Freygeistern, ohne daß sie den Geber kannten, für gute gangbare, gewichtige Münze erklärt. Nein! ich darf mich nicht mit meinem Wunsche an Gaßnern wagen: So bald er mich hört, schleudert er mich zum Beelzebub hin. Nimmer werde ich den ehrlichen Spina erwecken können. Nimmer kann er auf einem Erdenkoncil erscheinen. Und nun! Ich bleibe auch weg. U. D. B. R. W. Da muß ich Ihnen schon ungehorsam seyn, naive Herren Kritiker! So aber nicht auf einen andern Befehl. Studiren Sie aber indessen besser, gebieten Sie mir. Bey Gott! ich thue es täglich; und will es weiter thun. Nulla dies sine linea. Dies diem docet. Ihre exegetische und historische Gründe, womit Sie mein unvorgreifliches Gutachten über Eybels, und seiner Bestreiter Aeußerungen im Weißlingerischen Tone, abkapiteln, und noch weiter abkapiteln werden, zu prüfen, und auf ein richtiges Resultat zu kommen, ob ich auf meinem bisherigen Fleck stehen bleiben soll, oder nicht? geradezu dem Zweck, will ich studiren: in der Bibel nach der Grundsprache und Vulgata, (nicht in Geheim, sondern laut gesagt, die schätze ich nach ihrer Würde, und da habe ich scharf prüfende Protestanten zu Vorgängern,) in den Kirchenvätern, (sie sind bey aller Möglichkeit gefehlt zu haben, unserer dankbaren Achtung werth,) in der Kirchenhistorie, aus ihren Quellen, (ich hab seit 30 Jahren ein wenig gelernt aus ihnen zu schöpfen,) auch in den Koncilien und den Kanonen will ich zu diesem Zwecke studiren. Nicht vorbey gehen will ich die großen Männer, seyens Katholiken oder Protestanten, Franzosen, Italiener oder Teutsche, die seit der Aufweckung dieses Studiums durch die Centuriatoren, in diesem Fache für das gelehrte Publikum gearbeitet haben. Ich kenne sie so ziemlich, ältere und

neuere,

neuere, kann mich, so oft ich will, mit Ihnen besprechen; kenne auch die neuesten, z. B. Ihre trefliche Glaubensgenossen, Royko und Dannenmayer. Auf diese Männer darf, und kann mit Recht Ihre Kirche stolz seyn. Das sind gründliche, gewissenhafte, tiefe Forscher. Nicht Nachbeter, wie ich laut Ihres Berichts vom Eybel bin. Nicht Nachbeter je eines Vorgängers. Sondern tiefdenkende Selbstforscher. Und so solls seyn. Denn in historischen Sachen gilt weder das Koncil zu Trident und seine Schlüsse, noch augsburgische Konfession mit allen übrigen protestantischen Symbolen, etwas, sondern der Prüfungsgeist, der unbefangen, fleißig und thätig ist. Noch einen kleinen Sprung wieder zurücke.

Meinen Sie denn im Ernst, ich kenne die Kirchenväter nicht, vom heiligen Klemens von Rom an, bis zum spätesten, dem heiligen Bernhard? Wir wollen den letzten auch noch mitnehmen, so spat er gelebet hat, weil er doch eine besondere Epoche gemacht hat. O! ich kenne sie,

sie, die Griechen und Lateiner, leibhaftig nach ihrer Originalsprache. Mit dem Syrer kann ich nicht so vertraute Bekanntschaft pflegen, sondern muß mich durch einen Dollmetscher, einen Assemann z. E. von ihm belehren lassen. Ich habe vieles von den Vätern gelernt. Finde Wahrheit und Grillen, Orthodoxie, Heterodoxie (Gott verzeih mir das Wort!) und Paradoxie bey ihnen. Sie wissen, meine Herren Kritiker der Kritik! nach welchen Ausgaben ich sie studiren muß. Meistens nach Ausgaben, mit denen uns der staunenswürdige Fleiß der Katholiken beschenkt hat. Da bin ich freylich behutsam. Denn Ausgaben aus der Jesuiten-Händen (das muß ich Ihnen sagen, und wenn Sie Ex-Jesuiten wären,) sind nicht allemal tauscher. Das wissen Sie schon selbst, aus den Urtheilen Ihrer eigenen gelehrten Glaubensgenossen. Ich habe wahrgenommen, daß es heilsam ist, ehe man selbst sich vertraulich mit ihnen bespricht, den Rath guter Anführer zu hören, und den, im wirklichen Umgang mit ihnen, nie aus der Acht

zu

zu lassen. Dieß thu ich auch. Und da sind nicht blos ein Buddeus, ein Walch, ein Dalfidus, sondern auch ein Mabillon, und Marville, (Nat. d'Argonne) das war gar ein braver Karthäuser, meine Anführer und Geleitsmänner.

Auch werde ich Ihrem hohen Befehl, in Rücksicht auf die Koncilien, strengste Folgsamkeit leisten, und da auf gleichem Weg fortgehen, wie bey den H. Vätern. Aber verzeihen Sie mir doch, wenn ich mich nicht allein an eine jesuitische Ausgabe, sey sie vom Labbe oder Sirmond, oder gar vom Harduin, halte. Ich traue diesen nicht, durch Ihre eigene Glaubensbrüder, die ich seiner Zeit schon nennen werde, gewarnet. Es ist möglich, daß ich, wie Sie mir mit der allerfeinsten Urbanität sagen, bey einigen Katholiken, den Kredit der Gelehrsamkeit, durch meine Aeußerung über Eybeln und seine Bestreiter, verlohren habe, aber vermuthlich nicht bey allen, die mich kennen. Meine liebsten Herren Kritiker! Sie sind gelehrt. Daran ist kein Zweifel. Auch ich muß Sie, als gelehrte Männer,

ner, schätzen, weil ich auf Ihr Wort traue, durch das Sie sich als solche, selbst anpreisen. Aber, wenn Sie nicht denken und schreiben, wie ich denke, so wandelt mich doch nicht die geringste Lust an, alle Ihre Gelehrsamkeit weg zu haranguiren. Aufs höchste sage ich: die Männer sehen, so viel ich urtheilen kann, nicht richtig. Das kann dem gelehrtesten Manne begegnen.

Das ist ungemein artig, und übersteigt allen andern Wiß, was Sie aus meiner Dedikation folgern. Aber vergeben Sie doch, daß ichs so freymüthig heraus sage, Sie haben sich in Ihrer Vermuthung betrogen, so wie Sie auch in der Angabe überhaupt, sich von einem Fehler haben übereilen lassen. Nicht blos die Brochüre über Eybeln und seine Bestreiter, sondern den ganzen ersten Theil der Sammlung in der sie steht, habe ich meinen braven Söhnen, die meiner zärtlichsten Vaterliebe werth sind, bedicirt. Nicht, um einen Glanz auf meine Schrift zu werfen, sondern, wie ich deutlich gesaget habe, öffentlich zu zeigen, wie hoch ich das Glück schätze,

schätze, solcher Söhne Vater zu seyn. So wie der gelehrte Pater Joseph Strobel katholischer Pfarrer in Erkheim ist, gerade so ist mein älterer Sohn wirklicher lutherischer Pfarrer daselbst. So wie der würdige Herr von Krismar wirklicher Oberamtmann im obern Spital ist, so ist auch mein jüngerer Sohn wirklicher Amtmann im untern Spital. Hier ist keine bloße Vorstellung, hier ist keine Amtsverwesung, sondern wirkliches Amt, und seine Verwaltung.

Was von Familienstücken gesagt worden, wird jeder Mann von Vernunft und gesitteter Denkungsart, als dummen Witz, und groben Spott, unter die Weislingerismen zählen, dergleichen gewiß kein bescheidener Katholik in seinen noch so ernsten Widerlegungen adoptiren wird. Warum schicken Sie solche Sarkasmen Ihrer Widerlegung voraus?

Vermuthlich wollen Sie damit Ihren Lesern meine Schrift, gegen die Sie selbst so heftig erbittert sind, zum voraus so verdächtlich machen, daß ja auch nicht die geringste Begierde in ihrem

Her-

Herzen rege werde; sie auch nur einer flüchtigen Uebersicht zu würdigen. Und das ist denn schon eine recht edelmüthige und redliche Absicht. Wenn Sie sie erreichen, so gewinnen Sie viel damit; gerade das, was die päpstliche Bücherverbote, und Brandmarkungen für ketzerisch oder doch verdächtig erklärter Schriften, seit ihrem Ursprung, der, wie Sie wohl wissen werden, so gar alt noch nicht ist, erzielet haben. Sie bleiben im Besitz der Wahrheit und des Sieges. Und ich Armseliger bin der Besiegte, der Lügner, der Verdreher der Zeugnisse der heiligen Schrift, und der Kirchenväter, der ganz und gar Ungelehrte, der völlig Unwissende, kurz: alles das, was Ihnen beliebt aus mir zu machen. Doch das ist vielleicht nicht die einzige Ursache Ihrer Sarkasmen, womit Sie den Leser gegen mich einzunehmen suchen, daß er sich ja nicht gelüsten lasse, meine Schrift selbst in die Hände zu nehmen, sie gegen Ihre Widerlegung zu halten, und zu prüfen, meine Behauptungen und Ihre Einwendungen gegeneinander auf die Waagschale zu legen, und

denn

denn erst zu urtheilen. Es ist im Anfange Ihrer Widerlegung die Sprache des Neides gar zu kennbar. Was macht höhnischer, ich setze hinzu, und schmähsüchtiger, als der Neid? die heftigste Schooßsünde des Ordens, den Klemens der Vierzehende aufgehoben hat? die heftigste Schooßsünde dieses Ordens, sage ich; und daß ich die Wahrheit sage, weiß die ganze Welt, haben selbst ganze Orden, haben die grösten, gelehrtesten, und verdientesten Männer in der katholischen Kirche, erfahren. Sie finden davon unleugbare Beweise und Thatsachen zusammen gesammelt, in den unten angeführten Schriften eines eifrigen Katholiken, des Karmeliters Heinrich de S. Ignatio (*); auf andere will ich Sie nicht hinweisen, ob ich gleich noch eine lange Reihe

---

(*) Tuba magna mirum clangens sonum ad Clementem XI. Imperatorem &c. per D. Liberium Candidum, Argent. 1713. 8. S. 62. ff. 165. ff. Tuba altera majorem clangens sonum. Arg. 1715. 8. S. 61. ff. 216 ff.

Reihe der glaubwürdigsten Schriftsteller, aus Ihrer Kirche selbst, als unverwerfliche Zeugen davon aufstellen könnte. Wenn Sie, Herren Kritiker! Exjesuiten sind, und das ist mehr als wahrscheinlich, so ists auch leicht zu vermuthen, daß auch Neid, die Ursache ihrer ungezogenen und belachenswürdigen Spöttereyen seye. Aber warum auf mich neidisch? auf einen Mann, der so unbedeutend ist? auf die Besuche, deren mich fremde Gelehrte, auch vornehme katholische Gelehrte würdigen? Entgeht Ihnen, entgeht Ihrem eigenen Ruhme etwas damit? oder habe ich etwa Ihren Neid durch Stolz und Prahlerey hervor gerufen? Bey allen meinen Schwachheiten bin ich doch immer von diesen Gemüthskrankheiten frey geblieben.

Daß Sie den Lehrsatz ihrer Kirche von der Ohrenbeicht vertheidigen, wird Ihnen kein Vernünftiger verargen; so wenig es dem Protestanten zur Sünde angerechnet werden kann, wenn Er, was Er glaubt, und davon Er sich überzeugt fühlt, freymüthig heraus sagt. Aber, daß
Sie

Sie es auf eine, die Geſetze der Billigkeit und Höflichkeit beleidigende Art thun, daß Sie ſich ſelbſt durch läppiſchen Spott lächerlich machen, das iſt ſchon ſo eine Sache, die keinem Rechtſchaffenen gefallen kann. Hätte ich zuerſt in der Schrift, über die Sie Ihre Galle und Unwillen ausſchütten, unbeſcheiden und höhniſch geſchrieben, dann möchten Sie noch bey Ihrer groben höhniſchen Sprache zu entſchuldigen ſeyn, und dann wäre hier nur verdiente Wiedervergeltung. Aber leſen Sie, leſen Sie mit unbefangenem Gemüthe meine kleine Schrift über Eybels und ſeiner Gegner Aeußerungen von der Ohrenbeicht, ſo oft Sie wollen, vom Anfang bis zu Ende durch, laſſen Sie ſie jeden zum Prüfen und Urtheilen fähigen Gelehrten eben ſo durchleſen, ich bin gewiß, ſie werden alle auf keine Sylbe treffen, die mit Recht der Unbeſcheidenheit und Unhöflichkeit könnte beſchuldiget werden: Es müßte nur freymüthiges Geſtändniß, ſo finde ichs, dieſe Benennungen verdienen. Haben Sie überſehen, was ich gleich im Anfange der Schrift

Schrift gesagt habe: Ich habe ohne vorei̯lende Partheylichkeit dieser Mühe mich unterzogen, und ich schreibe jezo in der Absicht prüfenden Lesern öffentlich bekannt zu machen, wie ich die Sache gefunden habe. Mein Urtheil bekannt zu machen — nicht aufzudringen. Vor solcher theologischen Unbescheidenheit, die in Rücksicht auf selbstdenkende Köpfe immer aufs Unmögliche (denn welcher gesunde Verstand läßt sich so was aufdringen?) arbeitet, bewahre mich Gott! Andere müssen auch die Waage aufhängen, und mir nachwägen, um richtig urtheilen zu können, ob mein Gewicht gut ist? Finden Sie irgendwo in meiner Schrift eine Abweichung von diesem billigen Grundsaße?

Ich muß Ihnen noch etwas vorläufig sagen. Ich habe mich in diesen Streit zwischen dem vortreflichen Eybel und seinen Gegnern, nicht unberufen eingedrungen. Controversien sind ohnehin nicht nach meiner Neigung, und sie

meinen

mehrten Geschmack, und es muß eine unverwelgerliche Pflicht mich dringen, wenn ich mich auch nur von ferne in solche einlasse. Hier trat gerade dieser Fall ein. Ein Gelehrter von hohem Range, dem ich Ehrfurcht und Dank schuldig bin, foderte mein Gutachten über das, was Eybel von den ältesten Urkunden von der Ohrenbeicht behauptet, und über die Einwendungen seiner Gegner. Das habe ich nun schriftlich von mir gegeben, und ohne meine Absicht hat dieser vornehme Gelehrte meinen Aufsatz zum Drucke befördert. Diese erste Ausgabe (1785) ist verunglücket. Denn wahrscheinlich sind ihre mehresten Exemplare in die Hände eines konfiszirenden Inquisitors gefallen. Einige sehr wenige sind diesem Schicksale entgangen. Der Wunsch und Antrieb gewiß würdiger Männer, auch aus der Kirche zu der Sie sich bekennen, hat mich bewogen, eine neue Ausgabe zu veranstalten, und dazu habe ich die Gelegenheit genützet, bey der die zweyte Ausgabe erschienen ist. Auch diese polemische Schrift, ich kann ihr freylich keinen

nen andern Namen geben, als den sie wirklich verdient, also: diese polemische Schrift würde nicht erscheinen, nicht eine Minute würde ich auf die Beantwortung Ihrer ausnehmend unartigen Kritik gegen mich verwendet haben, wenn nicht Männer von großen Einsichten und erprobter Gelehrsamkeit, mich recht zu diesem mir widrigen Geschäfte, genöthiget hätten. Wir wissen wohl, sagten sie, daß diese ungezogene Kritiker nur der schweigenden Verachtung würdig sind: allein, das findet beym Schelhorn nicht statt. Er muß antworten, weil sie sich sonst für unwiderleglich halten. Und noch mehr, wenn er nicht seine Ehre Preiß geben will, kann er durchaus nicht blos verachtend schweigen. Man giebt ihm öffentlich willkührliche Auslegungen, Verdrehungen, Ableugnungen der offenbarsten Beweise, unvorsichtige Skribeley, schlechte Einsicht, u. s. w. Schuld. Das kann er unmöglich auf sich sitzen lassen; sonst erlebt er, daß ihm diese Verläumder öffentlich vorwerfen, er seye nicht im Stande, sich zu vertheidigen.

Das

Das ist schon für einen Mann, der, wie es ihm heilige Pflicht ist, auf seinen guten Namen hält, der sich einer untadelhaften Absicht, und eines redlichen Verfahrens bewußt ist, und der darüber öffentlich in einen verläumderischen Anspruch genommen wird, ein stark dringender Ruf, sich selbst gegen muthwillig boshafte Lästerungen zu verantworten. Ueberdieß hat mich ein mir ganz nahes Beyspiel gelehrt, daß es oft dem Ansehen eines rechtschaffenen Mannes äußerst nachtheilig seyn könne, gegen die Zumuthungen lautschreyender Gegner, ein sanftes Stillschweigen zu beobachten, und daß solch ein Stillschweigen der widrigsten Mißdeutung unterworfen seye. Erlauben Sie mir, meine werthesten Herren Kritiker! daß ich die Geschichte, auf die ich hier deute, Ihnen erzählen darf, Ihnen nur. Denn Kennern der Gelehrten und Kirchengeschichte kann sie nicht unbekannt seyn. Und in die Reihe solcher Kenner Sie zu setzen, trage ich Bedenken, da mir Ihre Kritik an mehrern Stellen sehr auffallende Beweise einer großen Unwissenwissenheit in diesem Fache der Gelehrsamkeit aufstellt.

Mein seliger Vater, gesegnet sey sein Andenken! er ist es würdig; gab aufgeruffen von dem Kardinal Quirini, einem der gelehrtesten Kirchenfürsten seiner Zeit, dessen Ruhm unverwelklich blühen wird: diesem Herrn über einen historischen Punkt der Reformationsgeschichte, sein freymüthiges Urtheil schriftlich zu erkennen, das mit den Einsichten und Gesinnungen des Kardinals nicht übereinstimmte. Er versicherte dabey, daß er noch wichtigere Dinge auf dem Herzen habe, die er den Behauptungen des Kardinals entgegen setzen könnte, daß er aber aus Ehrfurcht für einen an Würde und Verdiensten so erhabnen Herrn, davon geflissentlich schweige. Dem Kardinal war dieses Stillschweigen nicht anständig, oder vielleicht gar verdächtig. Er ließ meines Vaters Privatbriefe an Ihn drucken, begleitete sie mit seinen Widerlegungen, und forderte, so heftig als nur möglich war, den sanften und bescheidenen Gegner zum öffentlichen Kampfe

Kampfe auf. Der schwieg doch stille, und wollte sich durchaus nicht in Federgefechte vor dem gelehrten Publikum mit dem Kardinale einlassen. Allein, der Kardinal blies immer in die Trompete, posaunte zum Kriege, und zuletzt so, als wenn er es mit einem Feinde zu thun hätte, der sich aus Schwachheit und Furcht verkriechen müssen. Da kamen denn Aufforderungen an einen ohnmächtigen schon unterliegenden Feind. Die Freunde des Kardinals triumphirten schon über seinen Sieg, und über den Besiegten. Die Benediktiner zu St. Germain in Paris, (im Vorbeygehen, und nur im Vertrauen, meine Herren Kritiker! seye es Ihnen gesagt, der Jesuiterorden, so lange er gedauert hat, hat nur wenige so gelehrte, und um das Reich der Wissenschaften so höchst verdiente Männer aufstellen können, als zu allen Zeiten der Benediktinerorden, dem die Welt die segensvolleste Kultur zu danken hat, zu hunderten aufstellen konnte, und noch aufstellen kann) die gedachten Benediktiner hielten den armen Schelhorn für völlig niedergedonnert, und ganz in Staub verwandelt. Der Kardinal vergaß nicht dieß zu frühe Triumphlied vor der gelehrten Welt auszuposaunen. (*)

Das war die Folge des bescheidenen und ehrfurchtsvollen Stillschweigen eines Mannes, der mich so nahe angeht, der, um seiner gründlichen Gelehrsamkeit und ausgebreiteten Verdienste willen, sich die unzerstörbarste Hochachtung erworben hat; dem ich nachzuahmen mich zwar bestrebe, dessen Gelehrsamkeit und Ruhm ich aber gewiß nie werde erreichen können. Und vielleicht entehrte im Grabe noch solch ein Triumphlied seinen Ruhm, wenn er sich nicht hätte bewegen lassen, sein Stillschweigen zu brechen.

Und er hat es mit Ehren gebrochen, man weiß aus öffentlichen unverdächtigen Zeugnissen, daß nicht nur der Kardinal, sondern auch andere

ein-

(*) Vous avés tonné, & pulverifé le pauvre Monſieur Schelhornius, ſchrieben ſie an den Kardinal. S. Cure ſacre e letterarie dell'Eminentiſſimo &c. Cardinale A. M. Quirini &c. rendute paleſi dall' A. A. Sambuca. In Breſcia 1746. f. Part. II. p. 181.

einsichtsvolle und große gelehrte Katholiken, sobald mein seliger Vater öffentlich auf den Kampfplatz getreten war, ernstlich gewünschet haben, daß die Aufforderungen und voreilige Triumphlieder, den muthig und glücklich Kämpfenden nicht möchten aus der stillen Ruhe gewecket, und zum Streite genöthiget haben. Selbst der gelehrteste Papst, den jemals die römische Kirche gehabt hat, der große unvergeßliche Benedikt der Vierzehnte, hat dem Quirini die Unvorsichtigkeit und heftige Streitsucht höchlich verarget, mit der er sich an einen so gelehrten und geübten Protestanten angedrungen, und ihn genöthiget hat, Waffen zu gebrauchen, die tief und unheilbar verwunden mußten. Ich zeige Ihnen unten die Schriften an, durch die mein seliger Vater seine Ehre gegen den höhnischen Verdacht, womit sein langes Stillschweigen aufs schimpflichste mißdeutet worden, sattsam gerettet hat (*).

Viel-

(*) Epistola ad Card. Quirinum — de concilio de emendanda ecclesia auspiciis Pauli III. p. R. a quatuor Cardinalibus & quinque aliis præsulibus

Vielleicht sind sie Ihnen bis jetzo ganz unbekannt geblieben.

Daß Sie nun nicht, Herren Kritiker! mit hämischer Freude, sich vor der Zeit für Sieger, und mich für Ihren Ueberwundenen halten, so laß ich mich durch dieses mir so nahe Beyspiel bewegen, den Warnungen meiner gelehrten Freunde Gehör zu geben, und auf Ihre Einwendungen gegen meine Behauptungen zu antworten. Wie meine Vertheidigung gelingen wird, darüber gehört das Urtheil nicht den Partheyen, nicht Ihnen und mir, sondern unpartheyischen Richtern zu, die richtig prüfen und urtheilen können.

Da von nun an über wichtige Wahrheiten die Rede seyn wird, nicht über Nebensachen, die zum Streite nicht gehören, nicht über ein protestantisches Idol in Oberschwaben, nicht über eine Dedikation, nicht über Sammlung von Familien-

---

bus conscripto, ac a Paulo IV. damnato — Tiguri, 1748. 4. Epistola ad eundem de concilio — jussu Pauli III. conscripto, sed ab eodem neglecto, ac executioni non mandato — Lb. eod.

milienſtücken, und dem ſehr mißrathenen Kindl-
ſchen Spott darüber, auch nicht über meine Ge-
lehrſamkeit, die ich ſelbſt für ſehr enge begränzt
erkläre, ſo werde ich auch einen ernſthaftern Ton
anſtimmen, als im Anfange geſchehen iſt, und
geſchehen konnte.

Ich ſage mit Bedacht: als geſchehen konnte.
Denn dem, der in Ihrem geſammten Namen ſo
höhniſch gegen mich gewitzelt hat, mußte ich doch
zeigen, daß mir auch ein Quintlein Witzes zu
Gebote ſtehe.

Et nimis
Vncis naribus indulges.
Innocuos permitte ſales. Cur ludere nobis
Non liceat? licuit ſi jugulare tibi.

Ein paar Erinnerungen muß ich ſchon noch,
ehe ich Ihre eigentliche Widerlegung beantworte,
vorausſchicken. Nicht ſo ſehr für Sie, als vielmehr für Ihre Leſer. Ihre Citationen ſind ungemein unbeſtimmt, und unbrauchbar. Sie citiren meine Schrift von Eybels und ſeiner Gegner Aeußerungen, als eine einzelne Schrift, ob
Sie

Sie gleich nicht die einzelne und erste Ausgabe vor Augen haben. Wenn die Leser finden wollen, worauf Sie sich beziehen, so finden sie es im ersten Theile meiner kleinen historischen Schriften, auf denen von Ihnen bezeichneten Seiten. Der Fortsetzung des Etwas wider mich Nr. 40. setzen Sie ein Motto von sieben Zeilen voran, und denn beziehen Sie sich auf den Tertullian und Epiphan, ohne zu bestimmen, wie viel davon dem erstern, und wie viel dem letztern zugehört. Nur die erstern sechs Worte sind ein Ausspruch des Tertullians; die übrigen kommen vom Epiphan. Auch übersetzen Sie gewiß nicht ganz richtig, und Ihre Uebersetzung ist eine bloße willkührliche Akkommodation. An Aufklärer, in dem Verstande, in dem Sie dieß Wort nehmen, hat wenigstens Epiphan nicht gedacht; auch der lateinische Uebersetzer hat den griechischen Text dieses Ketzerrichters nicht so verstanden. Epiphan spricht von den Gnostickern, sagt, daß sie in ihren Lehrsystemen unterschieden seyen; daß sie sich, einer vor dem andern ohne weitere Kenntniß zueignen, ob sie gleich sich einerley Namen, den Namen der Gnosticker selbst beylegen. Valentinus nämlich, und die vor ihm Gnosticker geheissen, Basilides, Saturninus, Kolorbasus, Ptolemäus, Sekundus, Karpakras, und andere mehr. Sind Sie in der Geschichte der Philosophie und der sogenannten Ketzer und Ketzereyen bewandert, so müssen Sie selbst merken, daß Sie nicht richtig übersetzt haben: Sie nennen sich alle aufgeklärt, sondern daß Sie hätten setzen sollen: Sie nennen sich alle Gnosticker; d. i. sie zählen sich alle unter die, die von Gott, von der Welt, und allem was Gott erschaffen hat, und von dessen Ursprung, die richtige Kenntniß besitzen. Und so ist auch ganz gewiß scientia beym Tertullian zu übersetzen, nicht überhaupt in weitem Umfange: Aufklärung, sondern blos eingeschränkt auf die Kenntniß unveränderlicher Dinge. Doch meinetwegen heiß es richtig beym Tertullian: Aufklärung, und beym Epiphan: Aufgeklärt; das thut zur Sache nichts. Ihr Motto ist nicht treffend; auf

mich

mich wenigstens nicht: denn ich maße mich in meiner Schrift, gegen die, Sie zu Felde ziehen, keiner Aufklärung an.

Ich wandle nur dem Lichte nach, das andere schon lange aufgestecket haben, und stelle es so, daß auch die Herren Kritiker, wenn Sie wollen, besser sehen können. Und — die Anwendung dieses Motto's auf mich, kann ich mir mit vollem Rechte verbitten, mit eben dem Rechte, mit dem der Rechtschaffene Grobheiten und gesetzwidrige Beleidigungen von sich abweißt. Aufgeblasen (tument, das ist das Wort, das Tertullian gebraucht,) und stolz bin ich nicht. Ich kanns mit Recht wiederholen. Und einen Ketzer (von solchen Menschen reden Beede, Tertullian und Epiphan) mich zu nennen, das verbieten Ihnen offenbare Reichsgesetze. Am allerwenigsten kann ich mit den Gnostickern, besonders mit den Valentinianern in Vergleichung gesetzet werden. Jemand in die Reihe solcher Leute setzen, heißt ihn der schändlichsten gotteslästerlichsten Thorheit beschuldigen. Behutsam müssen

müssen Sie, Herren Kritiker! das rathe ich Ihnen freundschaftlich, mit dem Gebrauche solcher Stellen aus den Alten seyn. Ich weiß wohl, Sie sind nicht die ersten Erfinder dieser Art der muthwilligsten Beschimpfung. Indessen ist es Sünde genug, daß Sie andere Unbeschnittene an Herzen und Ohren, mit so großer Unbedachtsamkeit, die Sie zu groben Frevlern macht, nachahmen, und zeigt, daß Sie schlechte Einsicht, in das was Recht und Billig ist, besitzen; weit schlechtere als ich, wenn ich auch, wie Sie träumen, schlechte Schriftsteller und schlechte Schriften erhoben, und nachgeahmt hätte. Hier noch ein Punkt, über den ich sprechen muß, ehe ich gegen die eigentlichen Einwendungen, gegen mein Urtheil von dem neuen Streite über die Frage: Was enthalten die Urkunden des christlichen Alterthums von der Ohrenbeicht? antworte. Herrn LR. Eybeln, und seine Schrift über die Ohrenbeicht, und in Gesellschaft mich und meine publicirte Gedanken darüber, fassen Sie unter Ihren Gesichtspunkt zusammen, wenn Sie das Urtheil sprechen: Wer schlechte Schriftsteller und schlechte Schriften erhebt und nachahmt, muß fürwahr auch eine schlechte Einsicht besitzen. So sehr habe ich Herrn L.R. Eybeln und seine Schrift nicht erhoben. Alles, was ich gesagt habe, ist: Er schreibe freymüthig in dem Charakter eines redlichen Mannes, der sich schäme, seine Ueberzeugung der Heucheley aufzuopfern. Er spreche mit Bescheidenheit, die dem rechtschaffenen und wahrheitsliebenden Manne gezieme. Ich möchte hier fast sagen: Si male locutus sum, testimonium perhibe de malo; si autem bene, quid me cædis? (*)

Freylich, wenn jeder ein schlechter Schriftsteller ist, der nicht, wie Sie denkt und schreibt,

wenn

(*) Nicht blos aus wahrer Hochachtung gegen die Vulgata, dazu ich nach Prüfung mich berechtigt finde, und die meiner billig höhern Schätzung der biblischen Ursprache keinen Eintrag thut, führe ich solche Stellen wörtlich aus ihr an, sondern auch um der Männer willen, gegen die ich mich vertheidigen muß.

wenn jede Schrift mit Recht schlecht heißt, die nicht mit Ihrem System einstimmt, so werde ich ewig im Besitze schlechter Einsicht bleiben; denn es wird noch oft der Fall kommen, daß ich gerade gegen solche Schriftsteller und Schriften, weil ich sie hochschätze, wenn es Gelegenheit dazu giebt, meine Hochachtung öffentlich an Tag lege.

Nachahmen? — Herrn L.R. Eybeln nachahmen? — Ich? — Was denken Sie doch? Haben Sie gelesen, haben Sie mit Ueberlegung und richtig gelesen? Heißt eines andern Behauptungen prüfen, und darüber urtheilen, nachahmen? Und das war mein Geschäfte.

Auch nichts, gar nichts habe ich dem Herrn Landrath abgeborgt. Heißt denn das abborgen: wenn ich eine Waare unter mein Auge und Gewicht nehme, um zu urtheilen, wie sie beschaffen ist, und wie viel sie wiegt? Ums Himmels Willen! Wenn das der richtige Begriff des teutschen Wortes abborgen ist, so bin ich, und unzählige andere, durch den bisher gewohnten Sprachgebrauch

gebrauch weit irre geführt und betrogen: ich glaube aber, und es kommt mich nicht schwer an, dieß zu glauben, Sie, meine wertheften Herren Kritiker, irren sich in Ihrem Begriff und Gebrauche von diesem altteutschen Worte. Ueberhaupt scheints mir, Sie zählen, richtig und bestimmt sprechen, und denn noch insbesondere in der lieben Muttersprache richtig und bestimmt sprechen, unter die minima, quæ Philosophus non curat. Ich kann mich irren in dieser Meynung. Belehren Sie mich des Bessern.

Ich will die Absicht, die Sie beym Gebrauche jener Stellen aus dem Tertullian und Epiphan gehabt haben, auf das mildeste erklären. Ich will glauben, daß Sie mich nicht so geradezu damit, gesetzwidrig und ungerecht einen Ketzer schelten, und in die Reihe der Gnosticker setzen wollen. Ich will dieß Verfahren nicht einem muthwilligen Vorsatze aufs gröbste zu beleidigen, sondern nur einer flüchtigen Unbehutsamkeit anrechnen. Aber das ist doch gewiß, daß
Sie

Sie sich das Recht herausnehmen, mich als ein unächtes Mitglied der Kirche, in der ich schon seit mehr als drey und dreyßig Jahren, das Amt eines öffentlichen Lehrers verwalte, zu brandmarken, indem Sie mich einer Abweichung von dem ersten feyerlichen Bekenntniß dieser Kirche beschuldigen. Woher kommt Ihnen diese Weisheit? Haben Sie unsere Symbolen auch recht gelesen? Verstehen Sie solche auch richtig? Und — wissen Sie auch wie weit meine, wie eines jeden Lehrers unserer Kirche, Verpflichtung auf ihre symbolische Schriften, die ich nach ernster Prüfung, und mit willigem Herzen übernommen habe, gehet? Ehe ich mich über alle diese Fragen näher mit Ihnen bespreche, will ich nur noch, ein neues Meisterstück Ihrer Kunst zu citiren, anmerken.

Sie citiren die Apologie oder Schutzschrift der Augsburgischen Konfession, und weisen auf Seite 90. Geht diese Hinweisung auf eine einzelne Ausgabe der Apologie; (man hat dergleichen), oder auf eine andere Ausgabe derselben in

Gesell-

Gesellschaft der Konfession; oder auf eine Ausgabe des Konkordienbuchs der Evangelisch-Lutherischen Kirchen; oder auf andere Sammlungen symbolischer Bücher und Schriften, einzelner protestantischer Kirchen; der Meißnischen, der Thüringischen, der Braunschweigischen, der Lüneburgischen, u. s. w. oder der Nürnbergischen Normalbücher? In allen findet man die Augsburgische Konfession mit ihrer Apologie: und auf welche Ausgabe solcher symbolischen Sammlungen geht Ihre Citation? In welcher soll ich, in welcher soll ein anderer die neunzigste Seite nachschlagen?

Wenn ich aus den Dekretalen den Kanon, durch welchen Innocenz der Dritte, die Sakramentalbeicht eingeführet hat, nicht nach der in jure canonico gewöhnlichen, und allen Gelehrten bekannten Art zu allegiren, sondern nach der Seitenzahl der Ausgabe, die ich vor mir habe, citiren, wenn ich eben so auf das Dekret der Kirchenversammlung zu Tribent von der Ohrenbeicht, meine Leser hinweisen wollte, ohne zu bemermerken, nach welcher Ausgabe ich citire, dieses Fehlers würde ich mich wohl vor mir selbsten schämen. Das sind Citationen, die nur der alleine nützen kann, der sie hinschreibt, weil er nur gewiß weiß, auf welche Ausgabe sie passen. Für fremde Leser sind sie von keinem Gebrauche. Und für die haben Sie doch geschrieben.

Nun zur Hauptsache, über die Sie mich in Anspruch einer Abweichung von dem Augsburgischen Glaubensbekenntnisse nehmen. Die Bekenner reden einmal weder in der Konfession, noch in der Apologie von der sogenannten Sakramentalbeichte, wie sie in der katholischen Kirche üblich ist. Diese verwerfen sie als Menschensatzung, als ein unbefugtes Aufdringen des Papstes Innocenz des Dritten, als eine unerträgliche Bürde für zarte Gemüther, als Tyranney über die Gewissen. Die Herzählung der Sünden, wie sie der Kanon omnis vtriusque sexus fordert, verwerfen sie, ob sie es gleich für nicht unnütz, sondern für gut erklären, die groben und unerfahrnen zu unterweisen, daß sie etliche Sünden in der Beicht nahmhaft machen, was sie drücket, damit man sie leichter unterrichten könne, aber mit der billigen und statthaften Einschränkung: Gott habe die Erzählung der Sünden nicht geboten, und es seye ein Irrthum, wenn man behaupte, die unerzählten Sünden können nicht vergeben werden. Alles seye so zu mäßigen, damit die Gewissen nicht gefangen werden, welche nimmer können zufrieden seyn, so lange sie in dem Wahn seyn, daß man für Gott schuldig sey, die Sünden zu erzählen. (*)

Sie sagen ausdrücklich: Sie behalten die Beicht bey um der Absolution willen, welche ist Gottes Wort (**), nämlich die Verkün-

---

(*) Apologie der A. C. im christlichen Concordienbuch — der Evangelisch-Lutherischen Kirche — herausgegeben von J. G. Walch. Jena. 1750. gr. 8. S. 158. ff. S. 178. ff.

(**) Am a. O. S. 178.

kündigung dem Bußfertigen und Gläubigen, daß ihm Gott seine Sünde vergebe, nach seiner gnädigen Zusage. Jetzo bitte ich Sie, meine werthesten Herren Kritiker! überlesen Sie nochmals bedächtlich meine Behauptungen in der Schrift, gegen die Sie streiten, und denn urtheilen Sie aufrichtig, ob ich mich von dem Lehrbegriff der A. K. und ihrer Apologie entfernet habe? Und ob Sie mich mit der Frage: Kann man sie noch für einen Konfessionisten halten? aus der Kirche, der ich diene, hinausweisen können?

Es ist wahr, unsere Bekenner nennen die Absolution ein Sakrament, und setzen es der Taufe und dem Abendmahl an die Seite. So nennen sie auch die Buße. Allein, wer sie mit Aufmerksamkeit liest, diese Benennung mit ihrem Bekenntnisse, daß im eigentlichsten Verstande nur zwey Sakramente seyen, die Taufe nämlich, und das Abendmahl, vergleicht, noch oben drein bemerkt, daß sie zu einem Sakrament im strengen und eigentlichsten Verstande, ein äußerliches Zeichen fordern, der kann doch wohl nicht anstehen zu glauben, daß sie der Absolution nicht im strengsten Verstande diese Benennung beylegen. Das haben eine solche Menge unserer Theologen in öffentlichen Schriften gezeiget, daß die bloße Namensanzeige derselben eine ganze Seite einnehmen würde. Ueber bloße Worte und Benennungen bin ich nicht an die symbolischen Schriften unserer Kirche verpflichtet. Darüber hätte ich mich auch nie verpflichten lassen. Auf Sachen und Wahrheiten kommt es an, und auf Gründe, die dieselbe unterstützen, und meinem Gewissen als biblische Lehrsätze empfehlen. Doch nicht auf alle Gründe, die die Bekenner anführen. Denn es konnten sich bey den Bekennern unter die stärksten von unleugbarer Beweiskraft, auch schwache mischen, wie es denn menschlich ist, und leicht eintrifft, wenn man $\kappa\alpha\vartheta'\alpha\nu\vartheta\rho\omega\pi\text{ov}$ disputirt. Diese letztere verbinden mich nicht; diese letztere brauche ich nicht. Genug, daß ich den Lehrsatz annehme, lehre, und wenn es nöthig ist, vertheidige, durch unverwerfliche Beweise von seiner Wahrheit überzeuget. Sie

43

Sie springen auch völlig in dem Vorwurf, gegen den ich mich hier gegen Sie vertheidigen muß, von der rechten Seite ab. Ist denn unter uns die Rede von der Absolution?

Von der hab ich nirgends geleugnet, daß sie ihren Ursprung von Christo, dem Stifter der Religion, habe. Verstehen Sie mich recht. So fern sie aus dem Evangelio eine tröstende Verkündigung, daß Gott den Bußfertigen und Gläubigen gewiß begnadige, ist, erkenne ich sie mit vollem Beyfall als Gottes Gebot und Anordnung durch Christum. Von der Beicht, wie sie an den Priester bey Ihnen, bey uns an den verordneten Lehrer der Gemeine, (über Worte wollen wir nicht streiten) geschieht, ist die Rede. Diese nennen die Bekenner nirgend ein Sakrament, behaupten von ihr gerade das, was ich behauptet habe. Und Sie, meine Herren Kritiker! wollen mich noch bey meinen Glaubensgenossen in den Verdacht setzen, daß ich in dem Urtheile über die Gründe Eybels und seiner Gegner

ner von der Ohrenbeicht, wider die Augsburgische Konfession und ihre Schutzschrift gefrevelt habe? Wollen mir aufbürden, daß ich mich nicht an die in ihr bekannten Wahrheiten halte? Sie haben nicht gelesen. Und wenn Sie gelesen haben, so verstehen Sie nicht richtig, was Sie gelesen haben.

Nicht sattsam genug kann ich Ihre Geschicklichkeit in Erklärung der heiligen Schrift bewundern, so wie die fertige Kunst, aus der von Ihnen einmal angenommenen freylich sehr willkührlichen Erklärung, Folgerungen zu ziehen. Doch mit Recht kann ich es nicht Ihre eigene Geschicklichkeit nennen. Es ist nicht hermeneutische Geschicklichkeit, die sich nur durch eigene lang fortgesetzte und genaueste Bekanntschaft mit der Bibel, mit den Sprachen, in welchen sie ursprünglich geschrieben ist, mit den biblischen Ideen, nach denen wir alleine unsere Religionsideen, wenn sie durch das Wort Gottes sollen gezeuget seyn, bilden müssen, mit allem dem, was der biblischen

schen Exegeſi eine ſichere Stärke und Richtigkeit verſchaft... Es iſt blos Geſchicklichkeit in die Bibel hineinzudeuten, was nicht in ihr ſteht, nicht ihr eigentlicher gerader Sinn iſt; und nichts darinn zu finden, als was die Väter zu Trident darinnen gefunden haben, oder gefunden zu haben vorgeben. Ich will zugeben (doch! Sie wiſſen ſchon, daß dieß nur eine Gefälligkeit auf einige Augenblicke iſt) Ihr Lehrbegriff von der Ohrenbeicht habe ſeine völlige Richtigkeit, ſo iſt doch die Stelle, die Sie aus der Bibel zum Beweiſe gebrauchen, nach dem Vorgang der Tridentiniſchen Väter aus der Bibel gerade kein Beweis. Selbſt ein Theologe von Bedeutung auf dem Koncil zu Trident hat dieß eingeſehen, und den verſammelten Vätern gegen den Gebrauch dieſes Beweiſes, und gegen die Verdammung derer, die ſeine überzeugende Kraft leugnen, freymüthige Einwendungen gemacht, nämlich Ambroſius Pelargus. Er bezog ſich auf die der Kirche ſo heiligen Väter, und behauptete, daß man unter denſelben kaum einen finden werde, der

der die Verheissung Christi an seine Apostel, Joh. 12, 23. (dieß ist die biblische Stelle, von der hier die Rede ist,) so erkläret habe, als sie die Tridentinischen Väter zu erklären beliebten. Er stellte vor, daß man den Gegnern den Sieg in die Hände spiele, wenn man den gedachten Ausspruch Christi nur auf die Anordnung des Sakraments der Buße einschränke, und diejenige, die ihn nicht so verstehen, verketzere, weil dadurch das Koncil die alte Lehre der Kirche verdamme. Er gab den gewiß guten und weisen Rath, man möchte in der Beschließung über diesen Punkt noch inne halten, und vorher, ehe etwas entscheidendes beschlossen werde, die Auslegungen der Kirchenväter zu Rathe ziehen, sie prüfen und überlegen, was hierüber zu bestimmen sey.

Diese gegründete Vorstellungen fanden viele Väter der aufmerksamen Beherzigung sehr würdig. Sie begehrten also, daß die Sache zu neuer Ueberlegung den Konsultatoren überlassen werde, wie sonst schon bey gleichen Fällen geschehen.

Allein,

Allein, dem päpstlichen Legaten wollte solch
eine neue Unterſuchung eines ſchon gefertigten,
und in Rom genehmigten Dekrets durchaus nicht
behagen. Es gefiel ihm alſo, die Verſammlung
mußte ſichs auch gefallen laſſen, und hinten drein
auch der heilige Geiſt, der die Kirchenverſammlungen regiert; es gefiel alſo dem Kardinal Kre-
ſcentius, es bey dem ſchon abgefaßten Dekrete be-
wenden zu laſſen. Und ſo bekam die Kirche den
Kanon: Si quis dixerit, verba illa Domini
Saluatoris: Accipite ſpiritum ſanctum; quorum remiſeritis peccata, remittuntur eis;
& quorum retineritis, retenta ſunt: non
eſſe intelligenda de poteſtate remittendi &
retinendi peccata, in ſacramento poeniten-
tiæ, ſicut eccleſia catholica ab initio ſemper
intellexit; detorſerit autem contra inſtitutio-
nem hujus ſacramenti, ad autoritatem præ-
dicandi Evangelium, anathema ſit (*). Und
ſo

(*) Pietr. Soave (Paol. Parpi) hiſtoria de Concilio Tridentino. 1629. 4. S. 358. f. Ej. hiſtoria

so zeigte sich der Koncilien heilige Geist, als einen sehr schlechten Exegeten, und als einen Geist der Unwissenheit oder Vergeßlichkeit.

Einmal ist es doch wahr, was Pelargus von der Erklärung und Anwendung der erwähnten Sprüche, bey den Kirchenvätern behauptet! wahr, daß die Mehresten hier nicht das Sakrament der Buße angeordnet gefunden haben, und daran hätte doch der Koncilien-Geist sich erinnern sollen. Ich weiß nicht, das sey nur nebenzu gesagt, wie Courayer zu seiner Glosse über die Behauptung des Trierischen Theologen gekommen ist, in welcher er demselben die ganz bestimmte Behauptung aufbürdet, daß gar kein alter Kirchenvater den Spruch von dem Sakrament der Buße erkläret habe. Nach der Erzählung des Sarpi, sprach Pelargus mit einiger Einschränkung, in Vergleichung der größern Anzahl mit der geringern; durch ein *Vielleicht*, *Raum*.

Und

---

ria latina versio Francof. 1621. 4. S. 392. f. La même histoire traduite en François per P. F. le Courayer. à Amsterdam. 1736. 4. Tom. I. S. 646. f.

Und wenn sich auch der Theologe geirret hätte, wie er sich auch wirklich geirret hat, wenn er die Sache allgemein, ohne alle Ausnahme genommen hat, warum hat ihm die Versammlung nicht seinen Irrthum angezeiget? Warum fuhr sie ohne weitere neue Untersuchung und Gegenbeweise zu, dem schon gefertigten Schluß, sein die Kirche verbindendes Ansehen, zu ertheilen? Der Kardinal Krescentius, auf den alles ankam, hatte dazu ganz andere Gründe, als die Ueberzeugung, Pelargus habe sich geirret, und die seinen Einwendungen entgegenstehende Meynung seye die gewisse und richtige.

Ihm war es ärgerlich, daß ein Satz, vorher schon bestimmt, und zu Rom genehmiget, noch sollte in Anspruch und neue reifere Ueberlegung genommen werden, und obendrein schreckte ihn die Furcht, ganz billig, die Protestanten möchten sich, wenn sie auf dem Konzil erschienen, gleiche, oder mehrere Freyheiten herausnehmen, schon gefaßten Dekreten zu widerspre-
chen,

chen, und auf ihre genauere Untersuchung und
Abänderung zu dringen.

Vielleicht ist aber die ganze Erzählung, von
den Vorstellungen des Pelargus im gesessenen
Kirchenrath eine bloße Erdichtung des Sarpi?
Pallavicin behauptet dieß. Allein! ich weiß
nicht, ob seine Gründe hinreichen, seine Behauptung als sichere Wahrheit zu empfehlen. Er bezieht sich nicht auf eine andere Erzählung, auch
nicht auf Urkunden: Alles ist leere Hypothesa,
worauf er bauet. Pelargus war ein allzu gelehrter Mann, als daß er so etwas hätte behaupten
können, sagt er. Wie? wenn ich es umkehren
und sagen wollte: Eben seine gründliche Einsicht
und große Gelehrsamkeit, nöthigten ihm seine
Vorstellungen ab. Er war ein Exegete, als einen solchen hat er sich in seinen Anmerkungen
über verschiedene biblische Bücher gezeiget. Als
ein solcher mußte er einsehen, daß in der Verheissung Christi, von der die Rede war, der Verstand nicht zu finden sey, den ihm der Tridentinische

sche

ſche Kanon gab. Er war in den Schriften der Väter wohl bewandert, und konnte ſie in ihren urkundlichen Sprachen leſen, und verſtehen. Er war alſo fähig, richtig zu urtheilen, und zu zeigen, wie ſie jenen angefochtenen Spruch erklärten. Und ſo konnte er auch nichts anders behaupten, als was ihm Fra Paolo beymißt. Pallavicin ſagt freylich, es ſeye unmöglich, daß ein ſo gelehrter Mann auf einem Schauplatz, auf dem man ſchon reichlich die Zeugen des ganzen Alterthums für das Sakrament der Buße aufgeſtellet hatte, ſo hätte ſprechen können. Niemand, ſelbſt dem Unerfahrenſten wäre dieß an ſolcher Stelle möglich geweſen. Da weiß ich nun nicht, wovon der Beſtreiter des Sarpi ſpricht. Was ſind denn für Zeugen aus dem Alterthum aufgeſtellet worden? War alles, was vorher über den Artikel von der Buße geſprochen worden, nicht, wie ſo gewöhnlich auf dieſer Kirchenverſammlung, ein ſcholaſtiſches Geſchwätz? Wo Zeugen für die Erklärung des Spruches nach dem Sinne des Dekretes? Wenn man die Geſchichte
ſo

so dreht, wie sie nach bloßen Vermuthungen
hätte seyn können, was wird da aus der Geschichte? Auch dieß bestreitet Pallavicin, daß Sarpi
sagt: Pelargus habe den Bannfluch gegen diejenigen, die die Verheissung Jesu anders erklären,
als die Kirchenversammlung, als unbillig verworfen. Auch das zu thun, behauptet er, sey einem solchen Manne unmöglich gewesen. Denn
er habe das Dekret gelesen, und seinen Sinn wohl
verstanden. Der seye nun nicht dahin gegangen, auch auf diese Art nie angesehen worden,
dergleichen Erklärer zu anathematisiren. Meine
Leser will ich nur auf den Kanon zurücke weisen,
den ich oben wörtlich hingeschrieben habe, und
sie mögen urtheilen: ob Pallavicin hier aufrichtig zu Werke gehe, und ob seine Behauptung
von dem Inhalt, Verstand, und Zweck des Ka-
nons, bey aller Spitzfindigkeit, die er dabey gebrauchte, die Wahrheit zur Seite habe?

Wenn zur Darstellung einer wahren Geschichte Vermuthungen hinreichend sind, so kann
ich

ich mich auf die gewöhnliche Denkungsart, und das Betragen des Pelargus gegen die Protestanten beziehen, und damit die Erzählung des Sarpi bestätigen. Dieser Mann hatte schon früh eine unversöhnliche Bitterkeit in seinen Schriften gegen sie geäußert, und auf ihre gewaltsame Ausrottung angetragen. Auf dem Koncilio selbst, bald nach der vierzehnten Sitzung, predigte er über das Evangelium vom Unkraut, und machte auf die Ketzer und ihre Vertilgung eine Anwendung, die den Protestanten für ihre Sicherheit gefährlich schien. Wenigstens war ihnen so die Sache beygebracht, daß einer von den Sächsischen Gesandten sich berechtigt fand, bey dem Kardinal Madruzze, und dem Kaiserlichen Gesandten sich über den Prediger zu beklagen. Zwar Pelargus hat sich entschuldiget, daß er nur insgemein von den Ketzern gesprochen habe, ohne auf die Protestanten Rücksicht zu nehmen. Allein, da er sonst einen so bittern Sinn, und den Geist der Verfolgung gegen die Protestanten verrathen hatte, so ist seiner Entschuldigung wenig

nig zu trauen; und so ist es höchst wahrscheinlich, daß er bey seiner Entschuldigung, ob er gleich kein Jesuite war, auch damals diese Schooß-sünde dieser Gesellschaft noch in der Wiege lag, eine reservationem mentalem begangen. Wie nahe gränzt nun die Vermuthung an die sichere Gewißheit, Pelargus habe wirklich so gesprochen, wie Sarpi erzählt? Sein bitterer Eifer gegen die Protestanten konnte ihm nicht gestatten, nur das Geringste zuzugeben, das ihnen einen Vortheil über ihre Gegner gewähren konnte. Vielleicht hätte er seine richtige exegetische Einsicht, und seine genaue Bekanntschaft mit den Schrifterklärungen der Kirchenväter, stillschweigend dem schon abgefaßten Dekrete unterworfen, wenn ihn nicht die Furcht, den Protestanten möchte ein Sieg in die Hände gespielet werden, zum lauten Sprechen angetrieben hätte. (*)

Der

(*) Was ich bisher vom Pelargus, seiner Aeußerung auf dem Koncil, dem Karb. Krescentius, u. s. w. gesaget, davon findet der Leser Nachricht bey Sarpi, Kat. Frnff. Ausg. S. 392. 419. f. Französ. Ueberf.

Der Ausspruch dieses Theologen nach der Erzählung des Fra Paolo, ist gewiß hermeneutisch richtig, und der Koncilien heilige Geist hat sich bey seiner Verdammung wahrhaftig als ein von schlechten Exegeten gezeigt. Wie muß man die Schrift martern, wenn man in den Worten des göttlichen Erlösers: quorum remiseritis, das finden will, was er darinnen findet, und die Kirche darinnen zu finden, unter Bedrohung des Fluches gebaut? Sie sind von eben diesem Geiste geleitet, wertheste Herren Kritiker! und also eben so unglückliche Exegeten. Sie müssen es mir nicht verargen, daß ich Sie alle in eine Reihe setze, obgleich nur einer spricht: Ich sage das, Sie machen doch eine Gesellschaft aus, Sie sind doch eines Sinnes, und was Sie durch einen thun, das kann richtig Ihnen insgesammt angerechnet werden.

Ich

Ueberf. des Courayer Vol. II. S. 646. f. 688. Pallavicini vera oecumenici Tridentini — historia latine reddita a. P. J. B. Giattino. Coloniae Agr. 1707. f. Part. II. S. 125. 139. Sarpes Hist. des Tridents. Konc. 2. Th. S. 88. f. 144. f.

Ich sage so: Nun was sagen Sie denn? Ich sage so: durch diese Worte hat Christus den Aposteln, und ihren rechtmäßigen Nachfolgern im Christenthume die Gewalt ertheilet, die Sünden nachzulassen, oder zu behalten: diese Gewalt aber gehörig ausüben zu können, ist unumgänglich nothwendig, daß der Priester die Sünden nach ihrer ganzen Beschaffenheit erkenne; denn wie könnte er sonst wissen, welche nachzulassen, oder zu behalten seye? Dieses kann aber so lange nicht geschehen, so lange die Büßer nicht die Verbindlichkeit auf sich haben, sich darüber anzuklagen: oder Sie, H. Prediger, müßten zuletzt Christo gar die Ungereimtheit aufbürden, daß er den Aposteln und ihren Nachfolgern eine Gewalt ertheilet habe, welche sie niemals zur Ausführung bringen könnten; welches aber zu unterlassen Sie wohl noch so viel Gütigkeit für Christum haben werden: also folgt

un-

unmittelbar, daß die Gläubigen das Gebot haben, die Gattung und Zahl ihrer Sünden anzuzeigen; so schließt jeder Mensch, der noch ein Bischen Hirn im Kopfe hat.

Wenn mir auch erlaubt ist, hier zu sprechen, so sage ich so: Das alles, was Sie befehlen, daß es in den Worten Christi enthalten seye, stehe nicht in denselben, kann nicht mit hermevnetischer und logikalischer Genauigkeit aus denselben gefolgert werden. Wiederholungen sind dem Leser sowohl, als mir unangenehm, und noch obendrein überflüssig. Es ist genug, daß ich so sage: Sie haben durch Ihr Machtwort nicht widerlegt, was ich in der Schrift, gegen die Sie äußerst hämisch unhöflich streiten, über diese Stelle gesaget habe; und daß ich Sie und meine Leser auf die Blätter hinweise, wo Sie meine Aeusserung hierüber finden; mit der Bitte zu lesen, dagegen Ihren eben wörtlich angeführten Machtspruch zu vergleichen, und denn zu urtheilen, ob

D 5 ein

ein Mann, der nur ein Bisgen Gelehrn im Kopf hat, in Ihrem Vortrage eine Widerlegung finde. Nichts wird er finden, als Ihre willkührliche Mehnung ohne Beweis und Gründe. Sing liebe alte Leyr' das alte Lied. Das hat Ihre Leyer gethan. Und sonst weiter nichts. Und ists nur das, so ist Ihr Gesang schon längstens überstimmt von gründlichen Exegeten, Dogmatikern und Polemikern.

Daß ich nur die einzige biblische Stelle, von der hier die Rede ist, berührt habe, war meinem Zwecke gemäß. Denn konnten Sie leichter aus meiner Schrift erkennen, und so hätten Sie sich auch die Mühe versparen können, zu schreiben: Noch mehrere Proben würde ich dem Herrn Prediger über das Beichtgebot aus der Schrift vorgelegt haben; da er sich aber dadurch überzeugt sehen muß, so geht er davon ab, und hüpft zu den Urkunden hinüber. Wodurch muß ich mich überzeugt sehen? Durch Ihre Erklärung der Schrift-

Schriftstelle Joh. 20, 23. § Daunthäte die Ueber
zeugung vor dem Unterrichte vorher gehen müs
sen. Denn ich habe 1785. geschrieben; und
Sie erklären mir zum Unterrichte vor 1789.
Doch diese Erklärung war mir schon längstens
bekannt, lange vorher, ehe der unschätzbare Eybel (verzeihen Sie mir, daß ich diesem würdigen Manne meine ernste Hochachtung nicht wei-
gern kann.) seinen Gegnern Anlaß gab, sie aufs
neue aufzustellen. Ich habe sie in vielen Schriften Ihrer Glaubensgenossen gelesen. Nebenzu
sey es hier gesagt: Ich kenne die Schriften und
Werke der Katholiken ganz genau. Ich besitze
davon selbst eine ansehnliche Sammlung. Eine
noch größere steht mir zum täglichen Dienste in
der öffentlichen Bibliothek, der ich als Biblio-
thekar vorstehe, bereit. Ich lese sie, ich prüfe
sie, ich erweitere sogar durch ihren Dienst meine
Kenntnisse. Ihre Freunde betrügen sich also,
wenn sie mich für einen Fremdling in diesen Schriften halten. Aber daß ich mich durch ihre Behauptungen überzeuget sehen muß, in Sachen,
wo

wo ich die Gründe leichtgewichtig finde, das kann ich unmöglich zugeben. Und so gerade auch bey der Erklärung, die Sie mir so gewaltig aufdringen wollen. Ich muß mich überzeuget sehen? — Durch Ihre Erklärung muß ich mich überzeuget sehen? — Welch eine unbescheidene Forderung! Das ist wohl, gelinde gesprochen, Uebereilung von Ihnen, wenn Sie mir Ihre Einsicht so aufdringen wollen. Kennen Sie auch die Fähigkeiten und Rechte des Menschenverstandes? Der hat vom Schöpfer die Fähigkeit und das Recht erhalten, zu erkennen, zu prüfen, und nach Erkenntniß und Prüfung, frey, ohne Zwang seine Ueberzeugung zu stimmen. Ich weiß von keiner Nothwendigkeit der Annahme einer Wahrheit, als von einer moralischen, die durch die Stärke der Wahrheit selbst, und ihrer Gründe, gezeuget wird.

Oder glauben Sie etwa, Ihre Erklärung wirke so stark auf meine Denkungskraft, daß ich von ihrer Richtigkeit innerlich überzeuget sey, und nur aus Heucheley meine innerliche Ueberzeugung

ver-

Ölberge? Da irren Sie sich ungemein. Ich bin ganz offenherzig, und sage, was ich für wahr halte, freymüthig heraus; doch ohne jemand zuzumuthen, daß er gerade so urtheile, wie ich, oder gar einen widrigen Sinn gegen ihn zu fassen, wenn er nicht so denken und urtheilen kann. Ich würde Ihnen also ohne die geringste Zurückhaltung sagen, wenn ich in diesem Verstande mich überzeuget sehen müßte.

Ich muß mich jetzo schon wieder der Sünde schuldig machen, die Sie mir in Ihren fliegenden Blättern vorwerfen. Ich muß auf die Urkunden hinüber hüpfen. Sündige ich hier wirklich, so sind Sie meine Verführer, und ich sündige nach Ihrem Vorgange und Beyspiele. Von den Zeugnissen der Kirchenväter wird nun die Rede seyn, aber nicht weiter, als Sie mir dazu Anlaß geben.

Sie gehen bey diesem Punkte sehr unbillig mit den protestantischen Theologen um. Verzeihen Sie mir, daß ich freymüthig die Wahrheit spreche,

spreche. Einmal ist die Benennung, mit denen sie solche allgemein bezeichnen, ein Schmähwort, wenigstens aus Ihrer Feder und nach Ihrem Sinne, das sich kein gesitteter und bescheidener Schriftsteller gegen verdiente und gründlich gelehrte Männer, gestatten kann.

Die Ungleichheit der Einsichten, Ueberzeugungen und Behauptungen über gewisse Lehrsätze, berechtiget keinen Theil, den andern so allgemein und apodiktisch, mit diesem Namen, der immer für einen Gelehrten beleidigend ist, zu belegen. Ihre Kirche hat große Theologen gehabt, und hat sie noch.

Ich nenne hier nur einige, nur solche, deren Schriften ich gelesen habe, denen ich auch manche Erweiterung meiner theologischen Kenntnisse, sogar Erbauung, zu danken habe; ungeachtet ich mich ernstlich und aufrichtig zur Lutherischen Kirche bekenne, ungeachtet ich mit einem großen Theil ihrer Behauptungen durchaus nicht übereinstimmen kann; und von denen nenne ich
nur

nur die, die sich vor andern vorzüglich hochschätze, einen Arnett, Bellarmin, Bossuet, Cannus, Canisius, Cossander, Drexel, d'Eschenz, Eck, Fenelon, Corn. a Lapide, Lamy, J. J. Landsberg, Hermann Hugo, Huet, Morin, Osorius, Petav, Sa, Staphylus, Fr. von Salis, Joh. Wild, und unter den neuesten einen Fürst Martin Gerbert, und P. S. Wiest. Nur um dieser Männer willen würde ich mich schämen, tief ins Herz hinein schämen, wenn ich so allgemein die Theologen Ihrer Kirche, Aftertheologen nennen wollte. Daß es in Ihrer Kirche Männer giebt, die sich den Namen eines Theologen anmassen, und doch seichte, schlechte Theologen sind, daran ist kein Zweifel, und das habe ich selbsten öffentlich gesagt. Und daß auch in den protestantischen Kirchen für dieses Fach von Menschen keine leere Lücke seye, davon bin ich stark überzeugt; aber daß Sie so geradezu alle unsere Theologen in diese Reihe setzen, das ist entweder Unwissenheit, oder muthwillige Verläumdung. Ich will gelinde von Ihnen denken. Ich will Ihr unbe-
schel-

scheidendes Urtheil der Unwissenheit anrechnen, und noch überdieß einer nothwendigen Unwissenheit, und dem Kirchenzwang, der Sie von der Bekanntschaft mit unsern Theologen, und ihren Schriften wegdrängt. Aber, wenn dieser Fall richtig ist, (ich weiß nicht, ob Sie die Erlaubniß haben, unsere Theologen selbst zu lesen) so urtheilen Sie doch unbedachtsam, gerade so, wie der Blinde von der Farbe. Zu einem solchen Urtheile kann ich nie, als nur durch meine eigne Schuld und Trägheit verführet werden. Denn mich scheucht kein die Untersuchung der Wahrheit hemmender Machtspruch von der Lesung Ihrer Theologen weg. Ich kann sie ruhig, frey, und sicher lesen, wenn ich will, und ganz kann ich sie lesen, ohne eine Zeile nur überhüpfen zu dürfen. Denn mir sind sie nicht verboten, und mir wird keine einzige Stelle katholischer Schriften bekleistert, verpappt, durchstrichen, oder ausgeschnitten. Und dieß schätze ich als ein großes Glück. Ich kann selbsten sehen, prüfen, und das Gute behalten. So kann ich es auch mit

der

der Bibel machen. Ich darf sie in jeder Sprache, die ich verstehe, nach jeder Uebersetzung, nach jeder Ausgabe lesen. Die Kritiker, die Philologen, die Ausleger, zu welcher Kirche sie gehören, kann ich frey nützen. Kein Dekret einer Synode, eines Papstes, kein Edikt eines Magistri Sacri Palatii legt meinem Forschen in den Schriften der Kirchenväter Hindernisse in den Weg, oder nöthiget mich mit einer lästigen Einschränkung, mich nur an gewisse Ausgaben, wie sie auch beschaffen seyen, zu halten. Auch reisset mir kein Befehl je ein unentbehrliches Hülfsmittel aus den Händen, das gelehrte, und in diesem Fache der Gelehrsamkeit wohlbewanderte Männer, seyen's Katholiken oder Protestanten, Italiener, Franzosen, Engländer oder Teutsche, denen zubereitet haben, die richtig urtheilen wollen, ob sie ächte oder unterschobene Schriften der Kirchenlehrer der ersten Jahrhunderte in Händen haben? ob der Text richtig oder verfälscht, oder kastrirt seye? Kein gelehrtes Hülfsmittel, das mich mit der eigenen Sprache solcher Urkunden

E des

des christlichen Alterthums genau bekannt macht, und zu ihrem richtigen Verstand, Erklärung und Anwendung beförderlich ist, raubt mir je ein Verbot. Das Lehrsystem jeder Kirche, jeder Sekte, jeder besondern Partheyen, kann ich ungehindert aus ihren eigenen Symbolen lernen, und also diese Kenntniß aus der sichern, ächten Quelle schöpfen. Diesen unschätzbaren Vortheil genießt jeder Protestante, und wenn er ihn zu nützen fähig ist, und wirklich nützt, so ist er hinlänglich vor dem Fehler verwahrt, aus Unwissenheit über die theologischen Kenntnisse eines andern ein schiefes und unstatthaftes Urtheil zu fällen. Und noch mehr. Ihm ists leichter und möglicher ein gründlicher Theologe zu werden, als dem, dem ein widriges Kirchenverbot den Gebrauch der unentbehrlichen Mittel zu diesem Zweck unmöglich macht, oder doch sehr erschwert.

Wir wollen hier eine Parallele ziehen. Nicht so ganz durchaus, als ich wohl könnte; nur so nach einigen, aber wie ich glaube, wichtigsten Punk-

Punkten. Den Theologen Ihrer Kirche ist der Weg zu einer gründlichen Theologie durch den Index librorum prohibitorum gänzlich versperrt. Ich will hier nur den letzten Index des großen Papstes Benedikt des Vierzehnten, zur Hand nehmen, um daraus den Beweis zu führen. Er ist 1758. zu Rom aus der Buchdruckerey der katholischen Kammer ans Licht getreten. Er hat vor allen andern römischen Verzeichnissen verbotener Bücher einen bedeutenden Vorzug. Er ist mit mehrerer Genauigkeit, als sonst gewöhnlich war, gefertigt. Die groben Fehler, die in den vorhergehenden Verzeichnissen auf jeder Seite schimpflich sichtbar waren, sind mit mehrerer Sorgfalt vermieden.

Man hat die Klagen und Vorwürfe, die sich über die gewöhnlichen schimpflichen Fehler solcher Verzeichnisse laut erhoben hatten, beherziget, und ihre fortdauernde Nothwendigkeit wegzuheben gesucht. Wenn Sie, wertheste Herren Kritiker! diese Klagen, und die Fehler, über die

sie

sie sind angestimmt worden, wollen lernen, so ziehen Sie die unten (*) bezeichnete Schriften zu Rathe. Doch nicht durchaus sind diese gerechte Vorwürfe gehoben, nicht alle schimpfliche Fehler vermieden worden. Noch kommen Mißgeburten von Namen vor: z. B. Laurentius de Aponte, statt: Laurentius a Ponte; Bartholomæus Conformi, statt: Bartholomæi Albici conformitates S. Francisci; Pelhrzimow, seu Pelhizimow, statt: Peldrizirriowsky. Noch werden von Männern Schriften verboten, die nie Etwas ins Publikum geschrieben haben. Zum Beweise dienen Christian Bayer; G. Bruk; Knipperdolling. Noch verirret sich der Index bey Anzeige des Vaterlandes

oder

(*) Schelhornii epistola de consilio de emendanda ecclesia auspiciis Pauli III. — conscripto, ac a Paulo IV. damnato. S. 46. f. Schœttgenii commentationes de indicibus libror. prohib. & expurg. eorumque nævis variis. Dresdæ 1732. & 1733. 4. Schelhorns Vorwürfe von den Fehlern der Verzeichnisse verbotner Bücher waren öffentlich dem rechten Manne vorgetragen,

näm-

oder Wohnortes der gebrandmarkten Schriftsteller: z. B. Valentinus Vannius Malbrugenſis,
ſtatt: Maulbronnenſis. Doch dieß ſind Kleinigkeiten, die den Vorzug dieſes Index vor den
vorhergehenden nicht mindern, und die es nicht
hindern konnten, daß er den folgenden zum
Muſter diente.

Nach dieſem Verzeichniſſe nun kann der katholiſche Theologe wichtige Schriften ſeiner eignen Glaubensgenoſſen, die ihm bey ſeinen Studien über die Bibel große Dienſte leiſten könnten, nicht nutzen, z. B. einen Valla, Franz
Valeſius, Wild, Michael Medina, R. Simon, C. M. Veil d'Eſpence; darf nicht alle theo-
logiſche Schriften der erſten Beſtreiter der Re-
for-

nämlich dem Karb. Quirini, der damals Vorſte-
her der Kongregation pro Indice librorum prohibitorum war. Man hat Urſache zu glauben,
daß eben dieſe Klagen eines Proteſtanten dem
Kardinale und übrigen Mitgliedern dieſer Kongregation Antrieb geweſen, mit mehrerer Sorgfalt und Genauigkeit, als ſonſt gewöhnlich war,
den Index auszufertigen.

formatoren und der wichtigsten Vertheidiger der katholischen Lehre, gegen ihre Einwendungen, lesen, z. B. eines Ambrosius Catharinus; muß den besten und reichhaltigsten Kommentar eines Katholiken des Aug. Vulpes, über seinen Johannes Duns, ungebraucht liegen lassen; wird von einem Polemiker weggescheucht, dessen Werk doch in der heiligen Stadt gedruckt worden, nämlich vom Liberius von Jesu; darf sich nicht seinen höchsten Schatz seiner Theologie, die Schlüsse des tridentinischen Koncils, durch Erklärungen von seinen orthodoxesten Glaubensbrüdern eröffnen lassen, freylich schon nach einem päpstlichen Dekret, das mit der Publicirung dieser Schlüsse gleichzeitig ist; darf sehr hochgeschätzte moralische Schriften vornehmer Kirchenglieder, z. B. J. J. Landsbergs, d'Espence, und Fenelons nicht lesen. Darf sich nicht durch des Exjesuiten (*) Maimburgs historische Schriften von den wichtig-

---

(*) Diesen Namen führt er mit Recht. Denn er war ein Jesuite, mußte aber, auf Befehl des Ordensgenerals, die Gesellschaft verlassen.

tigsten Kirchenbegebenheiten unterrichten laſſen; muß ſogar ſeine Geſchichte des Lutherthums miſſen, die doch nach dem eigenen Geſtändniſſe groſſer rechtglaubiger Gelehrten der katholiſchen Kirche, weit kräftiger iſt, die Reformation Luthers, und ihre Werkzeuge und Unterſtützer, in widrigen Verdacht zu ſetzen, und ihr einen üblen Namen zu machen, als die Erzählungen eines Cochläus und Surius. Er ſoll nicht aus dem Jeſuiten Papebroch die Geſchichte der Päpſte ſich bekannt machen, und zwar darum, daß er gehindert ſeye, in die Konklaven bey Papſtwahlen in vorigen Zeiten hineinzuſehen. Er darf ſich die Kirchengeſetze nicht von ſeinem Juſtell vorlegen und beleuchten laſſen, und vom van Eſpen darf er das Kirchenrecht nicht lernen. Der Zutritt zur Geſchichte der Kirchenverſammlungen, wie ſie der Katholik Edm. Richer erzählt, iſt ihm verwehrt. Sie, Herren Kritiker! die Sie wiſſen, daß der katholiſche Theologe auch die beſondere Geſchichten der Diöceſen, wenn er Kirchengeſchichte, wie es ſeyn ſoll, ſtudirt, nicht

E 4   ver-

vernachläßigen darf. Sie können, ohne banges Herzklopfen, die Geschichte der Diöces, unter der Sie stehen, nicht, nach dem reichhaltigsten Geschichtschreiber derselben, sich bekannt machen. Khamms Hierarchia Augustana ist verboten. Doch nicht ganz; das muß ich Ihnen zum Troste sagen, sondern nur der Prodromus tertiæ partis generalis, troß der vor demselben stehenden bischöflichen und akademischen Genehmigungen. Aber, wenn auch nur Ein Theil einer Schrift vom Papste gebrandmarkt ist, so faßt der treue Anhänger desselben, und der Curie, leicht auch auf die übrigen einen ängstlichen Verdacht.

Es ist unmöglich, daß der katholische Theologe, dem der Inder Fesseln anlegt, ein gründlicher Polemiker werde. Er kann die Lehrsysteme und Meynungen, gegen die er streitet, unmöglich richtig und bestimmt einsehen; hier nicht mit eignen Augen sehen. Denn er darf die Konfessionen und andere symbolische Schriften fremder Religionsverwandten nicht lesen; nicht lesen

die

die öffentlichen gemeinschaftlichen Vertheidigungen derselben; nicht lesen die Akten der feyerlichen Gespräche und Disputationen zwischen den Katholiken und Protestanten. Alle diese Schriften reißt auch das Verzeichniß Benedikt des Vierzehnten aus seinen Händen.

Sonder Zweifel haben Sie gegen dieses alles eine Einwendung in Bereitschaft. Aber diese hat gar nichts zu bedeuten. Wer das Gift der Ketzer ohne Schaden vertragen kann, und besonders zum Streiter gegen die Ketzer bestimmt ist, werden Sie sagen, der kann die Erlaubniß erhalten, auch diese verbotene Waare zu nutzen. Aber, Mein! (Erlauben Sie mir, daß ich mir einen Ihrer Lieblingsausdrücke, so sprachwidrig er ist, eigen mache!) wie vielen ist diese Erlaubniß gegönnet? Und wie sehr wird sie, durch besondere Klauseln, beschwerlich gemacht und eingeschränkt! Sehen Sie doch, wenns Ihnen gefällig ist, in der unten angeführten Schrift, die Beantwortung dieser Fragen. (*)

(*) Meine Sammlung für die Geschichte, vornämlich zur Kirchen- und Gelehrtengeschichte, 1. B. S. 124. f.

Ich könnte Ihnen weit mehr sagen über diesen Punkt. Allein, ich mag meinen Kommentar über Ihr Etwas, der ohnehin lang genug wird, durch weitere Ausschweifungen dieser Art, ob sie gleich nicht an der unrechten Stelle angebracht seyn würden, nicht noch mehr erweitern. Eins frage ich Sie noch. Ists möglich, daß der katholische Theologe, der an die päpstlichen Bücherverbote gebunden ist, auch nur zu einer genauen und gründlichen Einsicht der theologischen Streitigkeiten, die in seiner Kirche entstanden sind, gelange? Ists möglich, daß er durch eigne Einsicht in Stand gesetzt werde, unbefangen über das Pro und Contra richtig zu urtheilen? Vor dem einen Theile muß er, auf des H. Vaters zu Rom Befehl, die Augen zudrucken. Den andern kann er lesen, und der zeigt ihm wohl auf die Gegenparthey, aber wie? Zersetzt, befleckt, in einer abscheuungswürdigen Gestalt. Sie selbst, Herren Kritiker! Ihre Kritik, kann ich zum Beweise aufstellen. Wer die Aufklärer Ihrer Kirche, gegen die Sie kämpfen, in ihrer wah-

ren

ren Gestalt, wer ihre Behauptungen richtig kennen will, der muß sich ja nicht an Ihre Aufweisungen halten: sonst sieht er entweder nur halb; oder ganz und gar unrichtig. Denn Sie verstehen und üben die Kunst, diese Aufklärer zu verstellen, meisterhaft.

Das sey noch hinzugesetzt: auch Schriften, die nicht in der Reihe der ganz verbotenen stehen, kann der Katholik nicht nach ihrem ganzen Inhalte lesen und nutzen. Und dadurch werden ihm manche wichtige Mittel, seine theologische Kenntnisse zu erweitern oder zu berichtigen, geraubet. Sein nach Einsichten gieriges Auge muß ganze Bogen, Blätter, Seiten oder Stellen unbesichtiget lassen. Sie verstehen sonder Zweifel, daß ich von den Reinigungs- und Verstümmelungsregistern rede. Ich will mich hier nur auf Ausgaben und Schriften, die man großen Gelehrten Ihrer Kirche zu danken hat, einschränken. Auch nur auf ein gebieterisches Verzeichniß dieser Art, das nicht so reichhaltig ist, als die zwey

ersten

ersten römischen von 1540 und 1550, als das, das Philipp der Zwente, König in Spanien, veranstaltet hat, als die Verzeichnisse des Quiroga Sandoval Sotomaior, die ich selbst, und zwar nicht blos nach protestantischen Nachdrücken, die Ihnen verdächtig seyn möchten, sondern die Originalausgaben davon, besitze, nur auf ein einziges gebieterisches Verzeichniß dieser Art, das gegen jene, im Befehle zur Verstümmelung und Reinigung der Bücher, sparsam ist, will ich mich beziehen. Es ist der Index librorum expurgandorum — per Fr. J. Mariam Brasichell, Sacri Palatii Apost. magistrum, davon ich die äußerst seltene Ausgabe, Bergamo 1608. 8. besitze. Nach demselben kann der Katholik, der aus seinen eigenen in hohem Ruhme stehenden Glaubensgenossen seine exegetische, biblisch-philologische, homiletische Kenntnisse schöpfen will, z. B. vom Andr. Masius, Ant. de Rampilogis, Ben. Ariamontanus, Did. Stella, Em. Sa, S. Pagninus, nur verstümmelte Ausgaben, oder bekleisterte, durchstrichne, verpappte

Exem-

Exemplare nutzen. Der trefliche Kommentar des
L. Vives über des H. Augustins Bücher von der
Stadt Gottes, kann dem gelehrten Patristiker
der römischen Kirche auch nicht ganz brauchbar
werden, weil manche Stelle durch die gebotene
Auslöschung ihm entzogen wird. In der sehr
reichhaltigen Sammlung der Kirchenväter, die
unter der Aufsicht des de la Bigne zu Paris 1589,
in 9. Folianten zum Vorschein gekommen ist, sind
für ihn eine ungeheure Menge Stellen umsonst
gedruckt, und gehen ihm verlohren. Nichts zu
sagen von katholischen Dogmatikern, Kanoni-
sten, Ritualisten, u. s. w. aus denen er ganze
Blätter missen muß.

Wie lange ists, daß in Teutschland katholische Theologen die Kenntniß der biblischen Ori-
ginalsprachen für sich für unentbehrlich halten?
Und ists auch itzo so allgemein, daß jeder, der
bey Ihnen Theologe heißt, Theologie sogar lehrt,
in diesen Sprachen, wie es seyn soll, bewandert
ist? Ein bisgen Mutterwitz ist hinreichend, Sie

zu

zu belehren, was ich hier für einen Schluß auf eine Menge Ihrer Theologen machen könnte, und wie richtig ich Ihr von unsern Theologen gebrauchtes Schmähwort, wenn ich öffentlich unbillig und grob seyn möchte, zurückschicken könnte.

Noch einer andern Unbilligkeit gegen unsere Theologen machen Sie sich auf die unhöflichste Weise schuldig. Nichts ist lächerlicher, sagen Sie, als wenn die Herren Protestanten mit den heiligen Vätern auftreten, u. s. w. Machen Sie sich auf einen recht langen Kommentar über diese Stelle, von der ich nur den Anfang hergeschrieben habe, gefaßt.

Das Lächerliche fällt hier auf die Herren Katholiken eigentlich zurücke. Denn diese geben uns Anlaß mit den Kirchenvätern aufzutreten. Sie zwingen uns dazu, da wir sonst nur aus der Urquelle der Religionskenntnisse, aus der heiligen Schrift, unsere Beweise und Widerlegungen ihnen entgegen zu setzen, geneigt sind.

Wir gebrauchen die Väter nie, aus ihnen die Wahrheit eines dogmatischen Satzes zu erweisen.

sen. Dazu ist uns die Bibel hinreichend. Denn auf sie, ihre Belehrungen, und hermenevtisch richtigen Verstand, gründen sich die geoffenbarten Religionswahrheiten.

Sie, wertheste Herren Kritiker! sind überaus schlecht von dem Ansehen, das die Protestanten den Kirchenvätern gestatten, und dem Gebrauche, den sie von ihnen machen, unterrichtet. Sie könnten es besser seyn, wenn Sie mit den Schriften unserer Theologen genauer bekannt wären, als Sie wirklich sind; wenn Sie von den ältern nur einen Melanchthon, Hyperius, Hottinger, Chemniz, Holdsworth, Rivet, Daldäus, und besonders ihre unten bezeichnete Schriften zu Rathe zu ziehen beliebten (*); und unter den

---

(*) Melanchthonis libellus de scriptoribus ecclesiasticis, davon der verdienstvolle Herr Pastor Strobel in Wöhrd, erst 1780. zu Nürnberg eine sehr brauchbare neue Handausgabe, in Octav, veranstaltet hat. Hyperii libri III. de theologo, seu de ratione studii theologici, Argent. 1562. 8. hin und wieder, besonders aber S. 671. ff. Hottingeri diff. de abusu patrum, in pentade differ-

den neusten nur einen Ernesti, Walch, Röß-
ler und Rößelt, mehrere will ich itzo nicht nennen, nachlesen möchten (*). Sie würden finden, daß wir mit den Kirchenvätern gar nicht
auftreten, um aus ihnen einen Glaubenssatz zu
beweisen, sondern etwa ihre Uebereinstimmung
mit

---

dissertationum miscellanearum. Tiguri 1654. 8.
S. 1. ff. Chemnitii oratio de lectione patrum,
davon ich mich der Ausgabe bediene, die vor seinen locis theologicis, Wittebergæ, 1623. stehet. Riveti tractatus de patrum auctoritate,
eorum causis & nothorum notis, vor seinem
Critico sacro, Lipf. & Francof. 1690. 8. Holdsworth prælectiones theologicæ — editæ cura & studio Rich. Pearson. Londini 1661. f.
hin und wieder, besonders S. 320. ff. Dallæi Libr.
II. de usu patrum ad ea definienda religionis
capita, quæ sunt hodie controversa, e Gallico
latine a Mattayero reddita &c. Genevæ, 1655. 4.
(*) Ernesti prolusio de theologiæ histor. & dog-
mat. conjungendæ necessitate Lipf. 1759.
Walchs (Chr. W. Fr.) Gedanken von der Geschichte der Glaubenslehre, Göttingen, 1764.
Rößlers Lehrbegriff der christlichen Kirche, in den
drey ersten Jahrhunderten, Frankf. am Mayn
1775. Vorbericht. Rößelts Anweisung zur Bil-
dung angehender Theologen. 2. Th. Halle 1786.
S. 423.

und unserm Lehrſyſtem, zumal wenn uns ſolche die Katholiken ſtreitig machen, zu zeigen, ſie bey der Kritik des Textes des neuen Teſtamentes zu nutzen, und als Quellen in der Kirchengeſchichte, und in der Geſchichte der Glaubenslehre, ihres Vortrages, der Abänderungen deſſelben, der Kirchenſprache, u. ſ. w. zu gebrauchen. Und wie können wir aus ihnen Beweiſe für die Religionslehren ſchöpfen, da wir alles blos menſchliche Anſehen dißfalls verwerfen, da wir wiſſen, daß es uns unmöglich iſt, bey ihnen über die wichtigſten Religionslehren eine allgemeine Uebereinſtimmung zu finden; da wir bey denen ſogar, die die gelehrteſten waren, und die am meiſten hochgeſchätzet werden, ſo viele wichtige Irrthümer antreffen, da ſie oft ſo unbeſtimmt, und vielmals ganz unbedachtſam ſprechen; da ſie ſelbſten nicht verhütet haben, ſich ſelbſten zu widerſprechen; und da wir uns durchaus nicht von dem überzeuget fühlen können, was Sie, ausnehmend lieblich weiſe, von den Kirchenvätern rühmen? Ganz vom Geiſte Gottes waren ſie

F ge-

geleitet, mit einer vorzüglichen Gelehrsamkeit begabt. Sie konnten nichts anders lehren und schreiben, als was Gott,
die Kirche, und die gesunde Vernunft fordert, sagen Sie.

Ich sage so: Nicht mehr und nicht weniger waren sie von Gott geleitet, als jeder recht-
schaffne, treuforschende Lehrer, der die heilige
Schrift zur Richtschnur seiner Kenntnisse wählt,
sie richtig versteht, und ihren richtig verstandenen
Wahrheiten Beyfall widmet. Oder wollen wir
sie den Aposteln gleich stellen? Das mögen Sie
thun. Ich habe weder Recht noch Neigung dazu. Zum richtigen Verständnisse der heiligen
Schrift, wie es dem gründlichen Theologen nöthig ist, waren die mehresten Kirchenväter ganz
ungeschickt. Das lehren uns ihre Auslegungen,
die von offenbarem Mißverstand, von übertriebe-
nen Allegorien, von läppischen Anwendungen
strotzen. An anderer Gelehrsamkeit, fehlt dem
gelehrtesten unter ihnen, nach dem itzigen Um-

fang

fang der Gelehrsamkeit, ausnehmend viel. Und wenn der gute Geschmack die Gelehrsamkeit wirkt, so, ich muß es bey aller Achtung, die ich für Sie habe, gestehen, so — a liebe Herren Kritiker! ich mag es Ihnen nicht sagen, was ich denke — was ich vom philosophischen und theologischen Geschmack der H. H. W. W. denke, (davon nur kann hier die Rede seyn) denke. Sie würden das protestantische Idol in Oberschwaben aus dem Tempel der Gelehrsamkeit noch unendlich weiter wegjingen, als Sie es schon gethan haben; wenn ich hier lauter und klar meine einfältige Herzensmeynung eröffnen wollte.

Nur über die Frage: Haben die Kirchenväter nichts anders lehren und schreiben können, als was Gott und die gesunde Vernunft fordert? laß ich mich noch ein bißgen mit Ihnen ein. In Ihrer Behauptung wird auch der Kirche gedacht. Die muß ich aber hier weglassen, weil wir gewiß über den Begriff dieses Wortes nicht mit einander harmoniren. Und

F 2 das

darüber können wir auch wohl nicht mit einander disputiren. Es ist auch zu meinem Zwecke hinreichend, wenn ich zeige: Die Kirchenväter haben irren können, sie haben können wider das, was die gesunde Vernunft und Gott fordert, lehren und schreiben. Sie müßten nur die Kirche über Gott und die gesunde Vernunft hinauf setzen wollen.

Man hat eigne Geständnisse der Kirchenväter, in denen sie nicht nur von sich selbst, sondern auch von andern, die in ihre Reihe gehören, ganz freymüthig die Möglichkeit zu irren eingestehen. Man kann aus Ihren Glaubensgenossen gelehrte und würdige Männer aufstellen, die bey aller ihrer katholischen Orthodoxie, und bey ihrer tiefsten Achtung für die H. Väter, ein Gleiches behauptet haben. Man hat im Allgemeinen aus den Schriften dieser angesehenen Kirchenlehrer die Beweise von nicht geringen, sondern sehr bedeutenden Lehrirrthümern, gesammelt und öffentlich aufgestellt. Man hat einiger irrigen Kirchenväter Lehren geprüft, sie gegen die Aus-

sprüche

sprüche der heiligen Schrift und der gesunden Vernunft gehalten, und mit diesen in einem auffallenden Widerspruch gefunden. Hier hat man nicht von der bloßen Möglichkeit auf die Wirklichkeit, vom Können auf das Seyn geschlossen: das freylich nicht hinreichend wäre, die Väter der Irrthümer zu beschuldigen. Aber, wenn man recht genau und bestimmt den Irrthum eines Kirchenvaters aufweisen kann, wer wird da läugnen, daß er habe irren können, da er wirklich geirret hat? Und das will ich Ihnen nun selbst von solchen zeigen, mit denen Sie gegen mich auftreten. Ein paar Beyspiele sind hinreichend zum Beweise. Ich wähle den Hieronymus und Chrysostomus. Sie werden zugeben, daß sich die Vorsehung Gottes auf alle seine Geschöpfe erstrecke, und daß nichts zu klein sey, das von derselben könnte ausgeschlossen seyn. Das ist, deucht mich, für jeden Menschenverstand, der sich Gott als den Schöpfer und Erhalter aller Wesen denkt, eine unbezweifelte Wahrheit. Das ist die Lehre des höchsten Meisters

der

der Weisheit, Jesus, des Stifters der christlichen Religion, z. B. Matth. 6, 25-30. Und doch ist Hieronymus so vermögen gelehrt, daß er dieser Wahrheit geradezu widerspricht. Er erklärt diejenige für dumme Schmeichler gegen Gott (fatui adulatores dei), und für Ungerechte gegen sich selbst, die Gottes genaue Kenntniß seiner Kreaturen, und Aufsicht über sie, weiter, als über die Menschen, ausdehnen. (*)

Durchaus aller Eid ist nach des Hieronymus Urtheil dem Christen verboten, und es war im A. T. nur eine Herablassung Gottes zu den noch Unmündigen, daß den Israeliten gestattet wurde, bey Gott zu schwören (**). Wie unbescheiden vernunft- und schriftwidrig, und lästernd gegen die weiseste Anordnung Gottes, spricht er nicht überhaupt vom Ehestande! Er gestattet sich dabey

---

(*) Commentar. in Habacuc. L. I. C. I. Operum Hieronymi 1537. Erasmi studio e Frobenianis typis vulgatorum. Tom. VI. f. 223.
  Diese Ausgabe citire ich auch in den folgenden Noten.

(**) Comment. in Matth. L. I. C. 6. Tom. IX. f. 20.

haben sogar die ärgerliche Freyheit, Sprüche der heiligen Schrift, ganz wider ihren Zweck und Verstand, zu verdrehen, um sie als Beweise aufzustellen, daß der Ehestand verwerflich, und der Seligkeit schlechterdings hinderlich seye. Es ist genug, daß ich Sie nur auf den Schluß seiner Schrift wider den Helvidius (*) und auf sein erstes Buch wider den Jovianus (**) weise.

Ueber die Geschichte der Sara am Hofe des egyptischen Königs Pharao, predigt Chrysostomus so erbaulich, als ein Voltaire. Abraham übergiebt die Sara mit Fleiß zum Ehebruch. Er befleißiget sich, er thut alles, damit der Ehebruch in der That vollzogen werde, sagt der heilige Vater. Und es ist lobenswürdige Klugheit des Gerechten. Sara unterwirft sich dem Willen ihres Mannes mit Gehorsam, und setzt sich dem Ehebruch aus. Auch das ist, wie Chrysostomus vor einer christlichen Versammlung behauptet,

(*) Tom. II. f. 142.
(**) Tom. II. f. 17.

tet, nicht genug zu bewundern, nicht genug zu
loben. (*)

Sie sehen, auch schon aus diesen wenigen
Beyspielen, wie so gar nicht wir überzeugt seyn
müssen, daß die Kirchenväter, vom Geiste Gottes geleitet, nichts anders, als nach
der Vorschrift Gottes, und der gesunden
Vernunft, schreiben und lehren konnten.

Ueber die Beschuldigung, daß die Protestanten die Worte der heiligen Väter verdrehen, ihnen einen andern Sinn geben, weglassen, was
nicht in ihre Krame taugt, keinen Zusammenhang betrachten, sich wenig um die Umstände bekümmern, unter denen diese Kirchenlehrer geschrieben haben, und daß sie es eben so mit der
heiligen Schrift machen, kann ich nichts hier sagen: denn Sie werfen diese bittere Klage ohne
allen Beweis hin, bitten will ich Sie, recht ernstlich bitten, hinreichende und allgemeingeltende
Be-

(*) S. die prächtige ganz griechische Ausgabe der Werke des Chrysostomus, die Savil[l]e zu Eton in acht
Folianten veranstaltet hat. Tom. I. S. 258. ff.

Beweise davon aufzustellen. Das will ich eben nicht läugnen, daß ehmals mancher Protestant gewisse Aussprüche der Kirchenväter, aus Mißverstand nicht richtig angewendet, außer dem Zusammenhange hingesetzt, die Stelle oft weniger, oft mehr habe sagen lassen, als wirklich, bey genauer Einsicht derselben, in ihr zu finden ist. Viele Ihrer Glaubensgenossen haben die gleichen Fehler reichlich begangen. Aber kann dieß hinreichen, einen verdammenden Ausspruch so ins Allgemeine, wie Sie es thun, mit Rechte von sich hören zu lassen? Und ist es nicht die unverzeihlichste Grobheit, wenn Sie bey dieser Gelegenheit mit den erniedrigenden Titeln der Idioten und Bauernknechte um sich werfen?

Was Sie an meinen Bemerkungen über die richtige Untersuchung der Urkunden des christlichen Alterthums, zu loben belieben, habe ich beobachtet, ehe ich solche niedergeschrieben habe. Also nicht für mich, schon mit diesen Regeln bekannt, und in ihrer Anwendung geübt, habe ich

ich sie öffentlich heraus gesagt, sondern für meine Leser, und, weil Sie unter dieselbe gehören, auch für Sie. Herzlich wünsche ich, daß Sie, so oft Sie sich mit Urkunden des christlichen Alterthums beschäftigen, solche beherzigen, und dem dadurch ertheilten Rathe folgsam seyn mögen. Vollkommen habe ich alle Stellen der Kirchenväter und Koncilien nicht untersucht. Dazu gehört mehr Zeit als ein Menschenalter. Aber so habe ich schon viele Jahre in diesen Urkunden des christlichen Alterthums mich umgesehen, daß ich mich einer sehr reichhaltigen Kenntniß derselben ohne Prahlerey rühmen kann.

Auf Untrüglichkeit bey meinem Nachforschungsfleiß mache ich auch keinen Anspruch: denn Untrüglichkeit ist etwas übermenschliches, und ich bleibe, wie Sie, ein Mensch. Von meinem Privatgeiste hängts nicht ab, wie dieses oder jenes zu verstehen seye, sondern von dem wirklichen Verstande jeder Aussprüche, über die ich urtheile, und den lehrt mich gesunde Logik und richtige Hermenevtik finden.

7.

Es ist doch sonderbar, daß Sie mir das Recht absprechen wollen, mich mit den Schriften der Kirchenväter und den Aussprüchen der Concilien zu beschäftigen, darüber mein Urtheil zu fällen, und zu sagen, was ich darinn finde oder nicht finde. Wollen Sie mich nicht auch von dem Forschen in der heiligen Schrift wegkritisiren? Diese Beschäftigung ist mein Beruf. Und ich würde mich wider denselbigen versündigen, wenn ich sie vernachläßigte. Mein Ansehen mag seyn, wie es sey, groß oder klein, so hinderts nichts, und kann bey Vernünftigen nichts hindern, daß ich freymüthig meine Gedanken sage, und daß diese sie vernehmen und prüfen. Ihre Gesinnung hängt nicht von Ansehen ab, sondern von dem Gewichte der Gründe, mit denen sie unterstützet sind. Meine Wissenschaft ist eng begränzt, ich habe es schon gesagt, aber doch nicht so eng, das muß ich hinzu setzen, daß ich unfähig wäre, mich in Untersuchungen, davon hier die Rede ist, einzulassen. Jetzo kommt die Reihe des Fragens und des Urtheils auch an mich, wenn Sie es gü-

tigst

tigst erlauben wollen. Aber ich frage nicht so richterlich strenge, und urtheile nicht so apodiktisch, wie Sie. Sind Sie die Männer, die die Stellen der Kirchenväter und Koncilien vollkommen, ich will nicht sagen, schon untersuchet haben, sondern nur untersuchen können?

In Ihren kritischen Blättern sind mir noch keine Beweise von dieser Fähigkeit aufgefallen. Ich finde, daß Ihnen Stellen der Kirchenväter bekannt sind. Aber nur vom Hörensagen, meine Herren! wie mich deucht. Hier ein Flecke — da ein Flecke — aus ihnen. Etwa aus einer Chrestomathie, aus einer Blumenlese, aus andern Autoren, und noch hintendrein noch aus einer, und zwar oft geradbrechten, Uebersetzung. Wenigstens meyne ich das letzte bey Stellen, die Sie aus griechischen Vätern hie und da anführen, richtig wahrzunehmen. Von mehrern Erfordernissen für einen Mann, der zu solch einem Geschäfte geschickt seyn soll, und die Sie selbst mir billig erlauben, wie Sie in dem schon gedachten

ten unverdienten Lobe meiner Bemerkungen über diese wichtige Sache geäußert haben, will ich nicht einmal sprechen. Von den Hauptarbeitern an der Kritik ist dieß nicht einmal zu fordern. Wer wird einem Rathskonsulenten zumuthen (hier ist dieß Wort recht gebraucht), daß er ganze Schriften der Väter lese, daß er sie in ihrer Grundsprache lese, daß er mit ihrer Denkungsart und Sprache innigst vertraut sehe; daß er ihre Schriften und die Ausgaben derselben mit kritischer Gelehrsamkeit behandle. Sein Amt macht ihm ganz andere Studien, und die tägliche Beschäftigung damit nothwendig. Civil- und Kriminalsachen sind sein eigentliches Thun. Und wenn er je in geistlichen Sachen ja sprechen hat, so hat er sein Korpus Juris Kanonici, seine Auszüge aus den Koncilien, und dergleichen Reitpferde genug, auf die er sich setzen, und damit fort galoppiren kann.

Ein Gewürzkrämer und Tabakfabrikant? — Nun auch der kann ein braver würdiger Mann seyn.

seyn. — Das ist seine Pflicht. Er kann einen gesunden Menschenverstand besitzen, mit einem gesunden Mutterwitz gepaaret. Er kann die Lehrsätze seiner Kirche kennen. Er kann in vielen Dingen belesen seyn. Aber, daß er die Kirchenväter und Koncilien studire, und studiren könne, wie es seyn muß, wenn man aus ihnen polemisiren will — nun — so dumm bin ich nicht, daß ich das glauben sollte; auch nicht so unbillig, daß ich ihm dieß zumuthen möchte. Indeß fällt mir doch bey Ihnen ein: Ne Sutor ultra crepidam! Verzeihen Sie mir diesen argen Gedanken!

Nun ist es Zeit, daß ich mich mit Ihnen über die Stellen selbst bespreche, die Sie mir aus den Schriften der Kirchenväter entgegen setzen. Eigentlich wäre es Ihre Pflicht gewesen, da Sie mich der Lügen und Verdrehung der Aussprüche der ältesten Kirchenlehrer beschuldigen, alles, was ich aus ihnen aufgestellet habe, genau zu prüfen, und zu zeigen, daß Ihre Anschuldigung

digung gegen mich gegründet sene — zu zeigen, daß ich wirklich in die schändliche Reihe schamloser Lügner und Verdreher gehöre. Nur so dreiste hingeworfen diese Anklage ohne Beweis, hat sie keine Kraft, und wird zur boshaftesten Verlaumdung. Aber Sie haben noch keine Stelle, die ich für meine Behauptung angeführet habe, entkräftet. Noch gar nicht davon, auch nur den geringsten Laut gegeben, der es ruchtbar machte, daß Ihr bitterer Vorwurf gegründet sey. Doch der Gang, den Sie zu nehmen belieben, entschuldiget Sie über das letztere. Sie gehen von unten hinauf, vom vierten bis aufs erste Jahrhundert. Und da sind Sie noch nicht weit gekommen, nicht weiter als auf wenige Väter des vierten Jahrhunderts. Und gerade aus diesem Zeitpunkte habe ich mich nur auf einen einzigen, den Chrysostomus, bezogen, und würde auch dieß nicht gethan haben, wenn mich nicht der Franzose, den Ohnhauser übersetzet hat, dazu bewogen hätte. Was ich über zwo Stellen dieses unschätzbaren Kirchenvaters gesaget habe, be-

leuch-

leuchten Sie mit unnachahmlicher Höflichkeit, die mich nicht undeutlich in ein Tollhaus verweißt. Und doch bin ich gewiß, daß ich weder toll gedacht, noch toll geschrieben habe. Sie werden mir verzeihen, daß ich hier meine Einsicht und Ueberzeugung der Ihrigen vorziehe. Haben Sie die Stellen selbst im Chrysostomus, in ihrem Zusammenhange gelesen, oder haben Sie sich solche nur von dem Franzosen nach der gerade brechten Uebersetzung des Ohnhausers hersagen lassen? Ich kann mich nicht bereden, daß Sie den Chrysostomus selbst aufgeschlagen, und gelesen haben. Die Stelle aus dem Briefe an die Ebrder (*) steht nicht, wie Sie sagen, in der neunten, auch nicht, wie der Franzose, oder Ohnhauser citirt, in der dritten, sondern in der ein und dreyßigsten Homilie des Chrysostomus über den Brief an die Ebrder (**). Ihre unrichtige Citation ist mein Bürge, daß Sie vergessen haben,

---

(*) Zu den Hebräern, sagen Sie; das ist aber nicht teutsch, wie man richtig zu sprechen gewohnt ist.
(**) S. Saville Ausgabe der Werke des Chrysostomus Tom. IV. S. 589.

ben, selbst den großen Kirchenredner nachzusehen. Aber ich habe noch andere Beweise davon. Sie können ihn nicht nachsehen, und lesen. Wenigstens nicht in der Sprache, in der er geredet, und geschrieben hat. Das merke ich ganz wohl, und das wird jeder der Sache erfahrne gelehrte Leser merken.

Ich warne Sie wohlmeynend, sich bey Ihrem Streiteifer nicht weiter in Dinge einzulassen, die Sie ganz gewiß nicht verstehen. Sie werden sonst zuverläßig jämmerlich ausgezischt, sogar von Schülern der dritten Klasse ausgezischt.

In der ganzen Stelle, von der hier die Rede ist, ich mag sie überlesen, und überdenken, so oft ich will, finde ich nicht die geringste Spur einer Beicht vor dem Priester. Sie sagt nicht mehr, und nicht weniger, als: Wir müssen uns selbst überzeugen, daß wir gesündiget haben. Nicht blos mit dem Munde bekennen, sondern im Herzen davon über-

G zeu-

zeuget seyn. Uns nicht blos Sünder neńnen, sondern unsere Sünden überrechnen, indem wir eine jede derselben insbesondere uns in Gedanken vorstellen. Ich begehre nicht von dir, daß du dich selbst zur öffentlichen Scham darstellest, auch nicht, daß du dich bey andern anklagest; sondern ich gebe dir den Rath, daß du dem Beyspiele des Propheten folgest, der da saget: Eröffne vor dem Herrn deinen Weg. (*) Diese deine Sünden bekenne vor Gott; vor dem Richter bekenne sie betend, wenn nicht mit dem Munde, doch mit dem Herzen in Erinnerung an deine Sünden; und so wirst du Barmherzigkeit erlangen. Es ist

---

(*) Es ist freylich eine ganz unrichtige Anwendung des Davidischen Ausspruches Psalm 37, 5. nach der Ebräischen Eintheilung, die auch Luther in seiner Uebersetzung beybehalten hat; Psalm 36, 5. nach der Eintheilung der siebenzig Dollmetscher, der die Vulgata gefolgt ist. David spricht nicht von den Sünden, und ihrem Bekenntnisse vor Gott, sondern von der stillen Ueberlassung unserer Schicksale in Gottes Willen und Führung.

ist nicht nöthig, daß ich diese Stelle, die ich treus
lich aus dem griechischen Texte übersetzet habe, mit
besondern Anmerkungen begleite. Jeder Unbe-
fangene sieht, daß sie durchaus nicht von der
Beicht vor dem Priester handle, sondern nur die
heilsame Vorschrift gebe, seine Sünden mit zer-
knirschtem Geiste zu erkennen, sich ihrer demü-
thig nach ihrem ganzen Umfang zu erinnern, sie
im Gebete vor Gott zu bekennen, um sein selbst
willen, damit das Herz gebessert werde, und von
jeder Sünde abweiche.

Sie weisen mich, meine Herren Kritiker!
auf eine Stelle, die in eben der Homilie stehen
soll, aus der ich die hier übersetzte angeführet
habe. Sie haben sich geirret, wie ich schon er-
wähnet habe. Nicht in der neunten, sondern
in der ein und dreyßigsten Homilie des Chrysostomus über den Brief an die Ebräer, muß man
mein Citatum suchen, und also die demselben von
Ihnen entgegengesetzte Stelle, nicht so nahe an
demselben; denn diese findet man wirklich, wie

Sie angegeben, in der neunten Homilie über den Brief an die Ebräer. Aber nicht so, wie Sie solche hersetzen, nicht so neben einander, sondern ziemlich weit von einander zerstreuet. Chrysostomus fragt: Was ist dieses Heilmittel (Arzney) der Buße (*)? und wie wird es gebraucht? Zuerst, antwortet er, gehöret dazu Verdammung der eigenen Sünden, und ihr Bekenntniß. (**)

Ich könnte aus dem Worte, das der heilige Vater gebraucht, behaupten, daß er nicht von der geheimen Beicht vor dem Priester, sondern von dem öffentlichen Bekenntniß der Büßenden vor der Gemeine, spreche, wenn er dieß Wort in dem sonst gewöhnlichen Verstande hier genommen hätte. Denn es bedeutet sonst nur ein öffentliches Bekenntniß, davon Sie jedes griechische Wörterbuch überzeugen kann. Und wenn ich das

Mis-

(*) Sie belieben nach Meyens feiner teutschen Schreibart, zu übersetzen: In wem besteht das Heilsmittel der Buße?

(**) Saville Ausgabe der Werke des Chrysostomus. Tom. IV. S. 483.

Mistrauen gegen Ihre griechische Sprachkenntniß schon verlohren hätte, so wollte ich Ihnen Stellen aus den siebenzig Dollmetschern, Profan-Scribenten und Kirchenvätern hersetzen, die das augenscheinlich beweisen. Allein, das hieße wohl dem Stockblinden die Sonne zeigen. Doch er gebraucht hier dieß Wort nicht in dem sonst allgemeinen gewöhnlichen Verstande: denn er redet nur von einer innerlichen tiefbeugenden eigenen Verdammung, und Bekenntnisse der eignen Sünden. Davor ist der ganze Zusammenhang seines Vortrags Bürge, das zeigen die Sprüche, die er aus dem Esaias, David und Lukas anführet, und auf den gesegneten Gebrauch des Heilmittels, der Buße, anwendet. Erst nach einigen Sprüchen, und ihrer Anwendung, folgt das (*), was Sie auf die Antwort: Zuerst in der Verdammung und in dem Bekenntniß 2c. unmittelbar folgen lassen. Aber durchaus kann es nicht den Verstand haben, den Sie anzunehmen belieben. Denn wiederum der Zusam-

---

(*) Am angeführten Orte. S. 484.

sammenhang mit dem vorhergehenden, und jeder folgende Ausdruck, zeigt bestimmt, daß Chryso: stomus dem zurückkehrenden Sünder zur Pflicht mache, sich selbst, seinem Herzen, keine Sünde, die er begangen hat, keine Art derselben, zu ver: bergen, sondern alles dieß recht genau auszufor: schen, weil sonst seine Buße vergeblich seye, und sein Herz nicht geheilet und gebessert werden kön: ne. Was haben Sie denn nun mit diesen Stel: len wider mich gewonnen?

Gerade hin wandelt Sie die muthwillige Lust an, mich in eine Wohnung der Unsinnigen zu verweisen.

Wie toll! rufen Sie aus. Mein! (dieß allerliebste Wort muß ich schon wieder gebrau: chen. Dank sey Ihnen, denn ich habe es von Ihnen erlernet. Sie brauchen es gar oft und zierlich.) Mein! wo haben Sie diese Sprache gelernet? Bey Idioten und Bauernknech: ten? Da ist Ihnen Glück zu wünschen. Das ist eine gar feine Schule.

Aber

Aber wenn mich Ihr Ausruf mit Recht trift, so trift er auch den Erzvater der christlichen Beredsamkeit; und — behauptet man denn die Nothwendigkeit des Bekenntnisses der Sünde vor Gott, um Gottes Willen, damit er wisse und erfahre, durch unsere Anzeige erst wisse und erfahre, was wir gesündiget haben? Lesen Sie, was darüber Chrysostomus in der zweyten Homilie über den fünfzigsten (ein und fünfzigsten) Psalm sagt, lesen Sie ihn in seiner Ursprache. (*)

Daß Chrysostomus auffallend deutlich behaupte, daß man das Bekenntniß der Sünden auch vor dem Priester ablegen müsse, der eben durch die Entdeckung der Zahl und Gattung den Zustand des Sünders erkennen muß, um, vermöge seines von Christo aufgelegten Amtes binden oder lösen zu können, sehe ich weder aus seinen Homilien über den Brief an die Ebräer, noch aus der zweyten über den 50 Psalm, von denen hier

(*) Saville Ausgabe der Werke des Chrysostomus Tom. I. S. 708.

hier die Rede ist, ein; und aus keiner derselben kann ich die Folgerung ziehen. Nun denn? — Wehe mir! Ich habe keine Vernunft. Aber dann ist der gute Chrysostomus Schuld daran. Denn er hat so gesprochen, daß ich unmöglich einsehen, und nach seinen Worten folgern kann, was Sie einsehen und folgern. Gehen Sie, ich bitte Sie, nicht so despotisch mit der Gottesgabe, die den Menschen vor andern Kreaturen des Erdbodens auszeichnet, und also nicht Ihnen allein, sondern auch andern Geschöpfen Ihrer Gattung, verliehen ist, um! Wenn Sie gesagt hätten: der gebraucht die Vernunft nicht so, wie wir Kritiker, dann hätte ich nichts wider Ihren Machtspruch einzuwenden. Aber alle Vernunft aus seiner Seele hinaus polemisiren, das ist grausam und Lästerung. Nebenzu kann es auch Stolz und Eigendünkel seyn. Wer nicht so denkt wie wir, der hat keine Vernunft. Und dann geschlossen auf den armen Nebenmenschen, der nicht denkt, wie Sie. Und wie vielen Gelehrten, auch unter Ihren Glau-

bens-

bensbrüdern, würde dann noch Vernunft übrig bleiben?

Noch einmal wiederholt: Sie haben den Chrysostomus nicht gelesen, nicht im Zusammenhange, nicht in seiner Ursprache gelesen. Er redet nicht von der Schamhaftigkeit über die begangenen Sünden, vor Menschen oder dem Priester. Von der eigenen Einsicht des begangenen Frevels, von der innern tiefen Beschämung und Reue des Herzens darüber, und von dem um Gnade und Vergebung flehenden Bekenntnisse vor Gott, spricht er. Das werden Sie finden, wenn Sie ihn genau und bedachtsam zu lesen belieben. Das würde einem Schüler der dritten Klasse einleuchten, wenn er ihn lesen und verstehen könnte.

Ich habe mit Bedacht zuerst über das, was Sie aus dem Chrysostomus gegen mich einwenden, mich erkläret, weil er der einzige Kirchenvater aus dem vierten Jahrhunderte ist, auf den ich in der Schrift, gegen die Sie kämpfen, einige Rücksicht genommen habe. In Ihrem vierzigsten Stücke beschließt er die Reihe der Zeugen, aus gedachtem Zeitpunkt. Nun kehre ich zurücke, zu den Zeugen, die Sie früher wider mich aufstellen. Hieronymus ist der erste unter denselben. Historisch richtig ist es nicht, wenn Sie sagen, dieser heilige Vater sey 373. zum Priester ordinirt worden, und Sie haben sich um viele Jahre verrechnet, das ich leicht beweisen könnte. Doch das gehört nicht zur Sache, so wenig Ihre chronologische Angabe Ihrer Anführung einer Stelle aus diesem Lehrer, derselben ein Gewicht geben kann. Sey er 373. oder wie andere behaupten 378, oder nach einiger Angabe, die mir die richtigste zu seyn scheinet, noch früher, unter dem römischen Bischof Liberius, Priester geworden; das thut nichts. Er war ein bedeutender Kirchenlehrer. Auch das hätte nichts zu sagen, wenn er schon den Kommentar über den Matthäus, aus dem Ihr Zeugniß genommen ist, geschrieben hätte, da er noch nicht Priester war; denn es ist wirklich sein Ausspruch,

und

und darauf nur kommts an. Doch ich will Ihnen sagen, er war wirklich schon Priester, als er diesen Kommentar fertigte; dieß sage ich Ihnen aus Freundschaft; weil Sie nicht undeutlich merken lassen, daß dieser Umstand bey Ihnen von Wichtigkeit sey. Und ich beweise es Ihnen, damit Sie durch keinen Zweifel beunruhiget werden. Sein vortrefliches Werk de viris illustribus hat er ohngefähr 392. geschrieben, und da war er schon lange Priester; da war aber der Kommentar über den Matthäus noch nicht unter den wirklichen Dingen dieser Welt. Sonst hätte er im letzten Artikel des Buches de viris illustribus, ihn unter seinen schon damals fertigen Schriften mit angezeichnet, und sonst hätte ihn auch Honorius von Autun, der ihn nur ausgeschrieben hat, zu bemerken nicht vergessen.

Der Dechant Boileau, ob er gleich in den Schriften der Kirchenväter besser zu Hause war, als Sie, ob er sie gleich ganz im Zusammenhange, und auch jede in ihrer Grundsprache gelesen hatte,

hatte, führt oft die Zeugnisse aus denselben gegen den Dallaus zerstümmelt an. Man kann
seine Absicht leicht errathen. Das thut er aber
bey der Stelle des Hieronymus, auf die Sie sich
beziehen, nicht, sondern er liefert sie ganz, wie
sie der Leser vor sich haben muß, wenn er darüber richtig urtheilen soll. Aber warum Sie
nicht auch so, meine Herren Kritiker? Vermuthlich haben Sie solche nicht selbst beym Hieronymus gelesen. Vermuthlich haben Sie sie nur
aus einer fremden Anzeige. Das heißt aber nicht
richtig zu Werke gehen. Es kommt viel darauf
an, daß man die ganze Stelle lese und beherzige.
Ich setze sie deßwegen hieher: Iftum locum
(Matth. 16, 19.) epifcopi & presbyteri non
intelligentes, aliquid fibi de pharifæorum
affumunt fupercilio, vt vel damnent inno-
centes, vel foluere fe noxios arbitrentur;
cum apud deum non fententia facerdotum
fed reorum vita quæratur. Legimus in Le-
uitico de leprofis, vbi jubentur, vt often-
dant fe facerdotibus, & fi lepram habuerint,

rint, tunc a facerdote immundi fiant. Non quo facerdotes leprofos faciant & immundos, fed quo habeant notitiam leprofi, & non leprofi, & poffint difcernere qui mundus, quiue immundus fit. Quomodo ergo ibi leprofum facerdos mundum & immundum facit, fic & hic alligat vel folvit epifcopus & presbyter, non eos qui infontes funt, vel noxii; fed pro officio fuo, cum peccatorum audierit varietates, fcit qui ligandus fit, quiue foluendus (*). Diese Stelle sagt Boileau (**), beweißt deutlich, daß die Macht zu binden und zu lösen, und die Sünden nach angehörtem Bekenntniß ihrer Mannigfaltigkeiten, zu beurtheilen, dem Priester übertragen sey. Er spricht dem Bellarmin nach. Und Sie führen zu eben diesem Zwecke außer dem Zusammenhang, einen nur geringen Theil derselben an. Aber sie beweiset das nicht, wenn sie auch von der

---

(*) Opera Hieronymi, die schon angeführte Ausgabe, Tom. IX. S. 49.
(**) Am a. O. S. 259.

der Beicht, die Sie, ein Bellarmin, ein Boi‑
leau, u. a. im Sinne haben, redet, darüber ich
mich bald näher erklären werde. In diesem Fall
würde sie höchstens nur beweisen, was Hierony‑
mus über diese Materie gedacht habe.

Dalläus hat schon auf die Anwendung, die
der Katholik von diesem Zeugnisse des Hierony‑
mus macht, geantwortet. (*)

Allein, ich muß es gestehen, er leistet mir
kein Genüge. (**)

Es kommt hier auf den richtigen Begriff an,
den Hieronymus mit den Worten: ligare und
soluere verbindet. Und den hat Dalläus aus
der

(*) Dallœi de sacramentali, siue auriculari Latino‑
rum confeſsione, diſputatio. Genevæ. 1661.
4. S. 256.

(**) Boileau widerlegt die Antwort des Dalläus. Aber
er begehet ein offenbares crimen falsi. Er legt
dem Dalläus Behauptungen bey, an die er bey Er‑
klärung dieser Stelle nicht gedacht hat, und da‑
von bey ihm bey dieser Erklärung nicht die'gering‑
ste Spur zu finden ist. Hingegen das Eigentli‑
che, was Dalläus darüber gesagt hat, berührt er
mit keinem Wort; davon kann sich jeder Leser, der
beede mit einander vergleichet, überzeugen.

der Acht gelassen: ob ihn gleich das Beyspiel, das der Kirchenvater aus dem alten Testamente nützet, hätte darauf leiten können. Binden und lösen heißt nicht mehr und nicht weniger, als erkennen und bestimmen, wer in die Gemeine der Gläubigen soll aufgenommen, oder davon ausgeschlossen seyn. So beurtheilte der Priester im alten Testamente, die des Aussatzes verdächtige, oder wirklich mit dem Aussatz befleckte, ob der Verdacht gegründet seye? ob die, die mit dem Aussatz wirklich verunreiniget gewesen, vollkommen geheilet seyen? um zu bestimmen, ob sie in der Gemeinschaft des übrigen Volkes leben können, oder ob sie von derselben abgesondert werden müßten? Das wendet Hieronymus auf den christlichen Bischof und Priester, und auf ihre Bestimmung an, ob jemand in die Gemeinschaft der Kirche zugelassen, oder ausgeschlossen seyn soll? Und da ist es nun nicht mehr räthselhaft, was sein cum audierit peccatorum varietates, bedeutet. Hier hat er gewiß an keine Sakramentäl- oder Ohrenbeicht gedacht: sondern an das

Be-

Bekenntniß der verschiedenen Sünden und Aergernisse, durch die das Recht in der öffentlichen Kirchengemeinschaft zu stehen, verlohren gieng. Auch schon der Anfang des Ausspruches des heiligen Vaters, zeigt deutlich, daß hier von keiner Loßsprechung von Sünden vor Gott die Rede sey. Ich will ihn nicht wiederholen, sondern nur bitten, ihn aufmerksam zu beherzigen, und die Worte: cum apud deum non sententia sacerdotum, sed reorum vita quæratur, nicht flüchtig zu übersehen.

Auf den Pacian können Sie sich durchaus nicht mit Rechte beziehen. Seine ganze Ermunterung zur Buße ist eine Erweckung, nicht zum heiligen Abendmahl zu gehen, da noch bannige Laster und Sünden das Leben beflecken, und dieß Aergerniß noch nicht durch das öffentliche Bekenntniß vor der Gemeine (Exomologesis), und durch die zuerkannte und geduldig übernommene Kirchenbuße, gehoben ist. Das hat schon Daldus erwiesen. (*)

Aber

(*) Am a. D. S. 246. f.

Aber er hat zu seinem Beweise gerade nicht die wichtigsten Stellen aus des Pacians Ermahnung ausgehoben. Ich will ein paar anführen, die es stärker als die, die Dalläus gebraucht, ausser allen Zweifel setzen, daß Pacian nur von der öffentlichen Kirchenbuße, und also von dem öffentlichen Sündenbekenntnisse spreche. Quod si fratrum oculos erubescitis, consortes casuum vestrorum timere nolite. Nullum corpus, membrorum suorum vexatione laetatur; pariter dolet., & ad remedium collaborat. In vno & altero ecclesia est, in ecclesia vera, Christus. Atque ideo qui fratribus peccata sua non tacet, ecclesiae lacrymis adiutus Christi precibus absolvitur (*). Das ist die erste Stelle, die, was ich behaupte, zu beweisen, jedem Unbefangenen herreichend seyn wird; allein, was sagen Sie zu den Beyspielen, die Pacian, seiner Ermahnung ein Gewichte zu geben, aus dem alten Testamente beybringt? Nolite hanc secturam timere, dulcissimi! Sustinuit illam David, jacuit in cinere sordenti, sacco insuper horrente deformis. Ille quon-

---

(*) Bibliotheca maxima veterum patrum &c. Lugduni 1677. f. Tom. IV. S. 316, G.

quondam gemmis aſſuetus, & purpuris, te-
xit in jejunio animam ſuam; cui maria, cui
ſylvæ, cui flumina ferviebant, promiſſasque
divitias terra parturiens, madidus lachry-
mis conſumſit oculos illos, quibus gloriam
dei viderat, & infelicem ſe, miſerumque
confeſſus eſt pater Mariæ: Judæi etiam do-
mitor Imperii, Rex ille Babylonius, exo-
mologiſin deſertus operatur, & ſeptenni
ſqualore decoquitur. (*)

Die Stelle, die Sie aus dem heiligen Baſilius anführen, könnte ich ſchlechterdings weg-
werfen, wenn ich ſo verwegen gelehrt ſeyn
wollte, als Bellarmin und Poſſevin, berühmte
Jeſuiten, mächtige Säulen der römiſchen Kirche,
waren. Beede haben das Werk, das Sie citiren, für eine dem Baſilius fälſchlich unterſcho-
bene Schrift erklärt. Allein, ich habe nicht nöthig, dieſe Verwegenheit zu begehen. Ich nehme an, wenn gleich mit einer wankenden Ueberzeugung, daß die abgekürzten Fragen, auf die
Sie ſich beziehen, wirklich dem Baſilius zuge-
hören. Was Sie aus denſelben anführen, ſagt
doch das nicht, was Sie darinnen finden. Ehe
ich mich hierüber näher erkläre, muß ich erinnern,

(*) Am a. O. S. 316, H. S. 317. A.

ken, daß Sie unrichtig die 228 Frage citiren. Doch das kann eine Verirrung Ihres Setzers seyn. Es ist die 288 Frage (*). Es ist nöthig, daß man denen, welchen die Verwaltung der Geheimnisse Gottes anvertrauet ist, die Sünden bekenne, sagt Basil; aber daß hier von keiner Ohrenbeicht, von keiner genauen Erzählung aller Sünden die Rede ist, ist klar genug aus dem Beweise, mit dem er seine Erzählung unterstützt. Denn, setzt er hinzu, es stehet im Evangelio geschrieben, daß die, die zu dem Täufer Johannes kamen, von ihm getauft zu werden, ihm ihre Sünden bekannt haben. Das thaten nach der Apostelgeschichte auch alle die, die von den Aposteln getaufet wurden. Wenn Sie urtheilen wollen, ob ich richtig übersetzet habe, so müssen Sie Griechisch verstehen, und zumal mit den, den Griechen so gewöhnlichen Ellipsen bekannt seyn. Weder Johannes der Täufer, noch die Apostel, haben Zeit gehabt, von den Täuflingen eine Ohrenbeicht und Erzählung aller Sünden anzuhören. Das versteht

H 2 sich

―――――――――――――

(*) S. die ganz griechische Ausgabe der Werke des Basils, Basel 1551. aus der Frobenianischen Presse, f. S. 542.

sich von selbsten. Und wenn dieß Wahrheit ist, wie es unstreitig ist, was beweißt denn für Ihre Sache, Herren Kritiker! die Stelle des Basils?

Gegen Ihre Anführung aus dem Gregor von Nyssa, habe ich verschiedenes einzuwenden. Einmal haben Sie den heiligen Letojum mit dem Leontius verwechselt. An den erstern, nicht an den letztern, ist der Brief, aus dem Sie die Stelle genommen haben, geschrieben. Denn citiren Sie nach Ihrer bey Ihnen eingewurzelten Gewohnheit so flüchtig und unbestimmt, daß niemand weiß, wo er suchen soll. *Gregorius von Nyssa 2c. in seinem Sendschreiben an Leontius 2c. Can. 6.* Gewiß ein sicheres Merkmal, daß Sie den ganzen Brief selbst nicht gelesen haben, sondern nur einer fremden gleich flüchtigen Anführung gefolget sind. Aus dem Boileau haben Sie diese Stelle nicht entlehnt, sonst müßten Sie wissen, daß der Brief an den Letojus geschrieben ist. Er wiederholt dieß einigemale. Die Stelle steht in dem kanonischen Briefe des Gregors von Nyssa C. 4. Ich lese sie eben jetzt, weil ich gerade keine griechische, sondern blos lateinische Ausgabe der Werke dieses Kirchenvaters zur Hand habe, und doch gerne wissen möchte, wie der Text in seiner Ursprache lautet.

set, in der Konciliensammlung, die ich unten anzeige. (*)

Ich kann mich nicht überreden, den Brief für eine ächte Arbeit des Mannes, dem er gemeiniglich zugeschrieben wird, zu halten. Denn gewiß ists, daß vor der Kirchenversammlung zu Konstantinopel, die unter dem Namen Quinisexta bekannt ist, und im kaiserlichen Pallaste zu Trullum 692. gehalten wurde, dieser Brief unter den Schriften des Gregors noch nicht stand. Da nun diese Synode mehrere offenbar untersch0bene kanonische Briefe der Kirchenväter kanonisirte, so ist er mir aus eben diesem Grunde ganz verdächtig.

Sie sehen hier, wie unpartheyisch ich bin. Eben diese Synode wird von den angesehensten protestantischen Gelehrten für ächt gehalten, da sie hingegen die mehrsten Katholiken gänzlich verwerfen. Doch wenn auch der Brief, von dem die Rede ist, wirklich aus der Feder des Nyßenischen Gregors geflossen ist, so können Sie sich doch nicht mit Recht und Bestand der Wahrheit in unserm Streite auf ihn beziehen. Er handelt offenbar von der öffentlichen Kirchenzucht. Er giebt Regeln, welche Arten der Kirchenbuße be-

nen,

―――――――――――――――――――

(*) Mansi Sacrorum Conciliorum nova & amplissima collectio Tom. III. S. 1247.

nen, die in dieselbe gefallen, sollen auferlegt werden, und wie lange solche dauern sollen. Da war es denn freylich gewöhnlich, daß die Gefallenen, die die Aufnahme in die Gemeine wieder suchten, und sich der Buße unterwarfen, auch ihre Sünden, auch ihre geheime Sünden, den Bischöfen bekannten. Aber das ist gewiß nicht Ohrenbeicht, und war nur die Pflicht und das Geschäfte offenbar Gefallener, die um der gegebenen Aergernisse willen, von der Kirchengemeinschaft abgesondert waren.

Das ist nun alles, was Sie aus den Kirchenvätern mir entgegenstellen. Lauter Stellen aus spätern Zeiten, als aus denen ich Zeugnisse angeführt und geprüft habe, den einzigen Chrysostomus weggerechnet, an den ich, ich muß es wiederholen, nur um des Herrn Ohnhausers, und seines Franzosen willen, gedacht habe. Sind die von Ihnen hervor geführte Zeugen aus dem vierten Jahrhundert, wenn sie auch bestimmt bewiesen, was sie nach Ihrem Urtheil beweisen sollen, eine gründliche Widerlegung gegen mich? da ich ausdrücklich gesagt habe, daß es mein Zweck seye, mich nur mit Zeugnissen der Kirchenväter der drey ersten christlichen Jahrhunderte zu beschäftigen? daß ich über Stellen aus den Kir-
chen-

chenvätern der folgenden Jahrhunderte jetzt mich nicht einlassen wolle? da ich die Ursache dieses Entschlusses so offenherzig angezeiget habe? angezeiget habe, daß es deßwegen geschehe, weil sich die Denkungsart der Kirchenlehrer von den Zeiten der ersten christlichen Kaiser an, in beträchtlichen Stücken, sehr geändert, und ihre Veranstaltungen von der Einfalt der vorigen Zeiten ausnehmend entfernt haben? Das heißt mit der Fuchtel in den Wind hauen, ohne einen Körper zu berühren, geschweige dann ihn zu verwunden.

Innocenz der Dritte hat durch den bekannten Kanon: omnis utriusque sexus, die Ohrenbeicht zur allgemeinen verbindlichen Pflicht gemacht. Das behauptet Eybel: und ich sage, daß seine Behauptung Wahrheit seye. Wir sind freylich nicht die ersten, die dieses behaupten. Denn Jahrhunderte vor uns, war diese Sage von großen, in der Geschichte der Kirche und der Kirchenlehren, gründlich bewanderten Gelehrten, als eine unbestreitbare historische Wahrheit erkannt und angepriesen. Und so ist es freylich wahr, daß wir nichts Neues, nichts vorher Unbekanntes gesagt haben. Der Fall tritt unzählichmal ein, daß man alte längst bekannte Dinge wiederholen muß. Und hier war es, wie Sie selbst

selbst einsehen werden, unvermeidlich nothwendig. Aber darum ist, was wir nachgeschrieben haben, kein elendes, am allerwenigsten ein auffallend lügenhaftes, und schon hundertmal widerlegtes Geschwätze, wie Sie mit auffallender Unhöflichkeit behaupten. Erlaubt Ihre Sittenlehre, den Religionseifer in ein so ungesittetes Betragen ausarten zu lassen; erlaubt sie auch, gegen bescheidne Gegner, die nur in so fern Ihre Gegner sind, weil sie nicht denken, wie Sie, die nie ein Wort eigentlich gegen Sie geschrieben haben, ehrenrührige Beschimpfungen auszuschäumen, so muß ich gestehen, ist sie nicht auf Vernunft, Recht und Billigkeit gegründet. Und was gewinnen Sie damit? Läßt sich die Wahrheit durch Schmähungen erzwingen? Wird dadurch, was Sie schreiben, für Ihre Leser kräftiger und überzeugender? Bilden Sie sich doch das nicht ein. Sie betrügen sich selbst. Der vernünftige Leser wird gewiß mißtrauisch gegen die Widerlegung, die sich durch Schimpfen den Weg zu seinem Herzen bahnen will. Sie wissen doch, daß von der Sakramentalbeicht, wie sie jetzo noch in Ihrer Kirche üblich, ist, die Rede ist, und von einem Kirchengesetze, dadurch dieselbe, als eine, jedem Gläubigen unverletzliche

Pflicht,

Pflicht, anbefohlen werde; nicht von einer Privatmeynung, nicht von einseitigen willkührlichen Empfehlungen. Sie können es wissen, wenn Sie meine Aeußerungen aufmerksam gelesen haben. Denn ich habe mich darüber ganz genau und bestimmt erklärt. Es kommt also darauf an, daß Sie ein solches Gesetz, das vor dem Kanon omnis utriusque sexus, vorhergegangen, aufweisen. Wenn das geschieht, will ich aufrichtig und öffentlich gestehen: Ich habe geirret. Aber, daß ich gelogen habe, das könnte ich doch auch auf diesen Fall mit gutem Gewissen nicht sagen. Denn ich hätte nur aus Unwissenheit geirret, weil bisher weder mir, noch je einem andern, auch dem eifrigsten Verfechter der Ohrenbeicht nicht, solch ein Kirchengesetz bekannt geworden. Doch ich will nicht einmal auf die Aufweisung eines solchen frühern ausdrücklichen Kirchengesetzes dringen. Zufrieden will ich seyn, und eingestehen, daß ich mich eines historischen Irrthums schuldig gemacht habe, wenn Sie, so wie man in der Geschichte beweisen muß, beweisen, daß die Nothwendigkeit der Beicht, so, wie sie der erwähnte Kanon festsetzet, vor dem sogenannten vierten allgemeinen Koncilium im Lateran

ran (*) ein allgemein angenommener Glaubens: satz in der katholischen Kirche gewesen seye, und in allgemeiner Uebung in derselben statt gefunden habe.

Ich glaube nun, mich über alles, worüber Sie mich so unsanft in zweyen Blättern Ihrer Kritik zu Rede stellen, sattsam erkläret zu haben. Sie versprechen zwar, doch mit einiger Ungewißheit, mir noch weiter den Text zu lesen. Wirds in dem Tone geschehen, wie bisher, so werde ich nicht darüber kommentiren: denn ich habe nun schon meinem Zwecke Genüge geleistet, und gezeiget, daß es mir an Gründen gegen Ihre Einwürfe nicht mangle, und daß sie nicht unwiderleglich seyen. Glossiren Sie auch über diesen Kommentar, so werde ich auch da stille schweigen, wenn nicht ganz besondere Umstände das Gegentheil fordern. Ich sehe ohnehin voraus, daß schon diese Verantwortung manche würdige und einsichtsvolle Männer, auf deren Uebereinstimmung mit meinen Ueberzeugungen ich sicher zählen darf, mißbilligen werden, weil sie es für rathsamer halten, Schriftstellern von Ihrer Den-
kungs-

(*) In der Augsburgischen Kritik heißt dieß Koncilium das V. lateranensische Koncil. Da irren entweder die Herren Kritiker, oder ihr Setzer.

tungs- und Schreibart, ihre Freude über ihre Einfälle durch keine Widerrede zu stören, weil — doch die Ursache will ich nicht laut sagen; Sie möchten sich erzürnen. Ich behalte sie also in meinem Herzen.

Ich halte das Urtheil jener Männer für richtig. Ich bin selbst dieser Gesinnung. Aber es ist keine Regel ohne Ausnahme. Und was hier für eine Ausnahme statt finde, habe ich schon oben gesagt. Doch etwas habe ich unberührt gelassen, das ich nun nachholen muß.

Selbst mein Briefwechsel und Umgang mit Katholiken, vornämlich mit Ordensmännern, und der Zutritt in vornehme Klöster, in denen ich der leutseligsten Aufnahme gewürdiget werde, machte es mir zur Pflicht, nicht so ganz stille gegen Ihren Angriff zu bleiben. Gespräche und schriftliche Unterhaltungen über Religionssätze, über die zwischen den Katholiken und Protestanten gestritten wird, vermeide ich sorgfältigst, und ich muß es dankbarst und freudigst rühmen, es kostet mich wenig Mühe. Denn in unsern Zeiten ist es, zu ihrem Ruhme sey es gesagt, nicht mehr gewöhnlich, wie in den Tagen unserer Väter, sobald ein Protestant in Gesellschaft von Katholiken tritt, diese Saiten, die zum Streite tönen,

nen, zu berühren. Eben das macht mir den Umgang mit Katholiken angenehm. Ich kann noch mehr sagen: es macht mir ihn lehrreich, und für meine Wißbegierde nahrhaft. Denn auch in der Gegend, in der ich lebe, sind Katholiken, sind besonders Ordensmänner, auch Weltgeistliche, deren Einsichten, Gelehrsamkeit und Geschmack, ihnen unvertilgliche Ehre macht, und von deren litterarischen Kenntnissen ich für die Erweiterung meiner Einsichten schon viele gute Früchte eingeärntet habe. Ihre Blätter werden auch von dergleichen treflichen Männern gelesen; oder sie hören doch davon sagen. Ihnen ist also Ihr Angriff auf mich bekannt. Leicht kann die Frage an mich entstehen: haben sie etwas, und was haben sie dagegen einzuwenden? Damit ich mir nun nicht durch lange Beantwortung dieser Fragen die gute Gelegenheit und Zeit selbst raube, solcher Männer Umgang in andern Stücken zu meiner Belehrung zu nutzen, so publicire ich auch aus diesem Grunde diesen Kommentar. Und auf diesen werde ich mich allemal beziehen, wenn so eine Frage an mich kommt. Auch neben grisgrammige Katholiken (Bigoten giebts in allen Kirchen) komme ich oft. Es sind Menschen, die den Nichtkatholiken der Hölle unrettbar zum

Opfer

Opfer bestimmt haben. Gegen den sind sie besonders gar christgläubig unbarmherzig, von dem sie wissen, daß er sich gewagt habe, seinen Unglauben öffentlich auszukramen, und gegen die Bestreiter desselben, zu vertheidigen. Sie würden tausend Hände beschäftigen, wenn sie sie hätten, um das feurige Urtheil zu unterschreiben: Hinab mit diesem in die tiefste Tiefe, der tiefsten Tiefe. Wenn sie solch einen Mann in ihrer Gesellschaft sehen, und dulden müssen, so würden sie in Ohnmacht fallen, und vor Herzenleid vergehen, wenn sie der herzenssüße menschenfreundliche Trost, ihn einstens aus Abrahams Schoos herab, in der fürchterlichsten Hölle, und mit der schmerzvollesten Quaal braten zu sehen, nicht stärkte. Dergleichen unbarmherzige Brüder giebts heutzutage noch wenige. Aber es giebt doch solche. Sie weiden, wenn solch ein Mann vor sie tritt, ihre Seele (und es ist ihnen Vorschmack ihrer künftigen erquicklichsten Himmelswonne,) mit einem höhnisch mitleidenden Blick auf ihn, mit englisch witzigen Stichelenen. Diese sind, Herren Kritiker! auch die eifrigsten und emsigsten Leser Ihrer Blätter. Jede polemische Sylbe in denselben, ist, ehe sie sie noch ganz ausbuchstabirt haben, ihnen köstlicher denn Honig

nig und Honigseim. Jedes Ihrer Kraftworte ist für sie tröstendes Evangelium bey diesen trübseligen Zeiten. Auch diese großen Geister haben mich bestimmet, meine Feder zur Beantwortung auf Ihre Zunöthigungen an mich, zu spitzen. Sie würden die ersten seyn, die mein Stillschweigen unrichtig auslegten, Siegestöne anstimmten, und sie mich in meine Ohren hinein hören ließen. Ihnen diese Mühe und mir ihren bittern Hohn zu ersparen, habe ich also auch diesen Kommentar geschrieben.

Beylage

Beylage
für die Leser, die die Augsburgische Kritik nicht zu Gesichte bekommen.

Etwas
wider Herrn Prediger Schelhorn.

Dieser getreue Nachsprecher und Vertheidiger Eybels, das protestantische Idol Oberschwabens, steht wegen einer besondern Gelehrsamkeit, die man ihm zumuthet, vorzüglich aber der grossen Kenntnisse halber, die er im historischen Fache besitzen soll, in einem ungemeinen Rufe: und was sogar zu bewundern ist, daß auch Männer von einem erhabnern Stande, und selbst großen Fähigkeiten, sobald sie Memmingen betreten, zu ihm, als gleich zu einem Apollo von Delphis, wallen, und glauben, was sie für einen Orakelspruch mit sich nach Hause tragen werden. Da heißt es fürwahr: Risum teneatis amici! Ich dächte, daß, bevor jemand das Lob eines großen Mannes verdienet, doch auch verhältnißmäßige Beweise seiner angerühmten Eigenschaften vorausausgehen müßten, und wo sind diese? — Wenn ihn seine Werkchen, die er herausgab, als einen so großen Gelehrten und Historiker empfehlen müssen, dann sind die Lobeserhebungen, die man ihm zueignet, gewiß um gar viel übertrieben; denn willkührliche Auslegungen, Verdrehungen, Abläugnungen der offenbarsten Beweise sind einmal die Züge nicht, die einen so gelehrten Mann, besonders einen Historiker verrathen können: und eben diese kann jeder, der nur eine mittelmäßige Einsicht in das Dogmatische und Historische besitzet, in seiner Piece wider die Ohrenbeichte, (betitelt: Ueber des H. Landrath Eybels, und seiner Gegner, Aeußerungen von der Ohrenbeichte) welche er im wirklich laufenden Jahre 1789. drucken ließ, ganz klar finden; was aber diesem Werkchen einen besondern Glanz geben soll, ist die väterliche Sorgfalt und Zuneigung, mit der er selbes seinen beyden Söhnen dedicirte, derer der eine einen Landpfarrer, der andere einen Spitalbeamten vorstellet, vielleicht will er eine Sammlung von Familienstücken machen.

Allein, zur Sache zu kommen, will ich nur über die Einwürfe, welche Herr Schelhorn den Hauptsätzen entgegenstellet, und meistens von

H.

H. Taschenspieler Eybel abgeborget hat, eine kurz⸗
ze Rezension machen, um jeden unbefangenen
Mann urtheilen zu lassen, ob H. Prediger ganz
derjenige sey, für den er auspofaunet wird.

Erstens behauptet er S. 110. und 111. daß
man nirgends eine Spur von der in der katholi⸗
schen Kirche so angelegentlich befohlnen sakra⸗
mentalischen Beicht in der heiligen Schrift fin⸗
de, und daß Er beses Gegner das Gebot, die
Sünden zu beichten, hauptsächlich daraus er⸗
zwingen wollen, da Christus bey Joh. 20, 23.
zu den Aposteln sagte: Welchen ihr die Sün⸗
den vergeben werdet, denen sind sie ver⸗
geben, und denen ihr sie behalten werdet,
denen sind sie behalten. Folglich läugnet er
gerade weg, daß jemand aus den Gläubigen die
Pflicht auf sich habe, seine Sünden zu beichten.
Allein, nicht so verwägen gelehrt, H. Prediger!
lassen Sie ein bischen mit sich handeln, und über⸗
denken Sie diese Stelle etwas gnädigers: nicht
erzwingen, sondern auffallend deutlich bewei⸗
sen kann man es, daß Christus durch eben diese
Worte den Gläubigen die Pflicht, ihre Sünden
zu beichten, aufgelegt habe. Ich sage so: (durch
diese Worte hat Christus den Aposteln und ih⸗

J ren

ren rechtmäßigen Nachfolgern im Christenthume die Gewalt ertheilet, die Sünden nachzulassen aber zu behalten: diese Gewalt aber gehörig ausüben zu können, ist unumgänglich nothwendig, daß der Priester die Sünden nach ihrer ganzen Beschaffenheit erkenne; denn wie könnte er sonst wissen, welche nachzulassen oder zu behalten seyn? Dieses kann aber so lange nicht geschehen, so lange die Büßer nicht die Verbindlichkeit auf sich haben, sich darüber anzuklagen: oder Sie H. Prediger, müßten zuletzt Christo gar die Ungereimtheit aufbürden, daß er den Aposteln und ihren Nachfolgern eine Gewalt ertheilet habe, welche sie niemals zur Ausführung bringen könnten; welches aber zu unterlassen Sie wohl noch so viel Gütigkeit für Christum haben werden: also folgt unmittelbar, daß die Gläubigen das Gebot haben, die Gattung und Zahl ihrer Sünden anzuzeigen; so schließt jeder Mensch, der noch ein Bischen Hirn im Kopfe hat.)

Selbst die Konfessionisten zählen die priesterliche Absolution in ihrer Apologie oder Schutzschrift der Augsburgischen Konfession ausdrücklich den eigentlichen Sakramenten bey; sie bekennen dort (Seite 90. wo von den Sakramenten

ten und ihrem rechten Gebrauch gehandelt wird), daß sie von Christo eingesetzt und befohlen sey, und die versprochene Gnade nach sich ziehe; sie vergleichen es beständig mit der Taufe und dem Abendmahle, welche nach der Lehre aller Protestanten wahre Sakramente sind. Und Sie, H. Prediger, wollen wider Ihre eigenen symbolischen Bücher eine Sache verwerfen, welche die alte allgemeine Christenheit mit allen heiligen Vätern und Kirchenlehrern als ein ungezweifeltes, in der Schrift gegründetes Gebot ansahen? Kann man sie noch für einen wahren Konfessionisten halten?

Wenn Sie wüßten, Herr Prediger Schelhorn, wie weit sie sich durch die Vertheidigung des Herrn Eybels, und seiner Brochüre von der Ohrenbeicht bey belesenen, und in dem historischen und polemischen Fache bewanderten Männern herabgesetzt haben, würden Sie wünschen, niemal die Feder angesetzt zu haben. Wie? fragen sie einander: Herr Schelhorn nimmt den Herrn Eybel und seine Mißgeburt in Schutz? jenen Eybel schützt und vertheidigt er, der so oft, und so handgreiflich ist überzeugt worden, daß er die Kirchengeschichte, die heiligen Väter, die Stellen der Koncilien auf die unverschämteste

J 2 Weise

Weise verfälscht hat? jenen Mann sammt seinem Werke lobt und vertheidiget Herr Schelhorn, den man recht augenscheinlich überzeuget hat, daß seine ganze Brochüre auf lauter Verdrehungen, Wortmachereyen, Ungereimtheiten, falsche Allegationen, offenbare Trugschlüsse und Folterungen der Schriftsteller gegründet ist? — Herr Schelhorn zu Memmingen (so schloßen sie) muß also der große Mann bey weitem nicht seyn, für den er bisher von vielen ist gehalten worden: er muß weder in den Vätern, noch in der Kirchengeschichte, noch in der Polemik, zum allerwenigsten in den Schriften und Werken der Katholiken bewandert seyn; sonst hätte er sich unmöglich entschließen können, der eyblischen Mißgeburt Lob zu sprechen, und sie so gar nachzuahmen. So denken und reden jetzt von Ihnen, Herr Prediger, Männer, denen man, ohne größte Unbilligkeit, eine große Belesenheit, Einsicht und Gelehrsamkeit nicht absprechen kann. Ihr Ansehen ist also durch Ihre unvorsichtige Schribeley weit tiefer herabgefallen, als Sie sich vorstellen.

Wer schlechte Schriftsteller und schlechte Schriften erhebt und nachahmt, muß fürwahr auch eine schlechte Einsicht besitzen.

(Wird fortgesetzt.)

Alle

Alle sind stolz; alle versprechen Aufklärung; alle nennen sich aufgeklärt, der
Valentin nämlich, und die vor ihm
Aufklärer waren, auch der Basilides,
und der Saturnilus, und Colorba-
sus, der Ptolomäus, der Sekundus,
der Karpokras, und andere mehrere.
Tertull. advers. Hæret. c. 41. S. Epiph.
contra hæres. L. I. c. 31.

Fortsetzung
wider Herrn Prediger Schelhorn.

Noch mehrere Proben würde ich dem H. Prediger für das Beichtgebot aus der Schrift vorgelegt haben; da er sich aber dadurch überzeugt
sehen muß, so geht er davon ab, und hüpft zu
den Urkunden hinüber, und behauptet dreiste
hin, daß keine alten Urkunden vorzufinden seyn,
die von einem Beichtgebote Meldung thun, sondern daß die Ohrenbeicht erst unter Innocenz dem
Dritten in dem V. lateranischen Kirchenrathe zur
Pflicht geworden sey. Allein, wie elend, wie
auffallend lügenhaft dieses nachgeschriebene, und
schon hundertmal widerlegte Geschwätze sey, ist

jeder-

jedermann einleuchtend, der die Kirchengeschichte ohne Vorurtheile, und bedachtsam durchgeht. Ich will alle spätere Urkunden übergehen, und nur die vorzüglichsten Stellen vom vierten bis zum ersten Jahrhunderte aus den heiligen Vätern heraus ziehen, und selbe jedem unpartheiischen Manne zur Beurtheilung überlassen. Der heilige Hieronymus war schon im Jahre 373. zum Priester ordinirt; dieser große Mann, den der heilige Prosper das Beyspiel der Sitten, den Lehrer der Welt nennet, schrieb über das 16te Kapitel Matth. Tom. 4. p. 75. folgendes: „Der Bischof, und der Priester bindet, und löst, „gemäß seines Amtes; nachdem er die Verschie„denheit der Sünden gehört hat, weiß er, wer „zu binden, oder zu lösen sey." Könnte etwas kürzeres und kläreres gesagt werden? Eine ähnliche Sprache führt der heilige Pacianus, Bischof zu Barcellona, in Orat. paræn ad poenitent. der mit dem heiligen Hieronymus lebte. Der heilige Basilius, ein Vater der griechischen Kirche, sagt rund heraus: „Es ist noth„wendig, daß man jenen die Sünden entdecke, „denen die Ausspendung der Geheimnisse Gottes „übergeben sind." in Reg. brev. interrog. 228. Der heilige Gregorius von Nyssa redet in seinem

seinem Sendschreiben an Leontius ausdrücklich von dem Bekenntnisse auch jener Sünden, die nur in der Stille sind begangen worden. „Der „sich in Geheim eines fremden Gutes angemaſ„ſet hat, kann von seiner Seelenkrankheit be„freyet werden, wenn er seine Sünden durch die „Beicht dem Priester eröffnet." can. 6. Zu eben diesem gehört auch der berühmte Kirchenlehrer Chrysostomus. Nichts ist lächerlicher, als wenn die Herren Protestanten mit den heiligen Vätern auftreten, und aus ihren Stellen Beweise für ihre Unschicklichkeiten heraus foltern wollen, da sie doch zum voraus überzeugt seyn müssen, daß solche Männer, ganz vom Geiste Gottes geleitet, und mit einer vorzüglichen Gelehrsamkeit begabet, nichts anders schreiben und lehren konnten, als was Gott, die Kirche, und die gesunde Vernunft fordert. Um aber ihrem Geschwätze eine Farbe anzustreichen, verdrehen diese Aftertheologen die Worte, geben ihnen einen andern Sinn; lassen das, was nicht in ihre Krame taugt, aus; betrachten keinen Zusammenhang, und kümmern sich wenig, in was für Umständen, und zu wem die heiligen Väter geschrieben haben. So machen sie es mit der Schrift, wie mit den Vätern: wenn aber die-

ses beweisen heißt, so können auch Idioten und Bauernknechte ihre Stelle vertreten; indem sie gewiß so gut, als diese Herren, zu verläugnen und zu verdrehen aufgelegt sind. Es gefällt mir daher der weise Unterricht sehr wohl, den der H. Prediger S. 107. & 108. giebt: er sagt, daß die Untersuchung der Urkunden des christlichen Alterthums keine leichte Sache sey; daß also Männer wenig Schwierigkeit fühlen, die die Stellen der Kirchenväter nur aus den Citaten anderer herzählen; den Grundtext, in dem sie ursprünglich geschrieben sind, nicht nützen, oder nützen können; sich nur mit vorhandenen Ueber=setzungen behelfen ꝛc. Hier möchten Sie sich, H. Prediger, vielleicht selbst in die Schule geführt, und ihre eigene Lehre auf Sie zum anwendbar=sten gemacht haben; denn Ihr ganzes unsystema=tisches Geschreibsel zeigt es, daß Sie gerade das Nämliche unterlassen, was Sie andere zu thun lehren. Oder sind Sie der Mann, der die Stel=len der Kirchenväter und Koncilien vollkommen untersuchet, ihre Meynungen untrüglich durch=forschet, und den Sinn so geprüfet, und so gründ=lich entschieden hat, daß es nur alleinig von Ih=rem Privatgeiste abhängt, wie dieses oder jenes zu verstehen sey? Mein Herr, weder Ihr Be=
ruf,

ruf, noch Ihr Ansehen und Wissenschaft ertheilen Ihnen die Macht hiezu. Wenn ganze Kirchenversammlungen, die eben aus den heiligen Vätern, und gewiß gelehrten Männern bestunden, und den Beystand des heiligen Geistes hatten, anders lehrten, und eine ganze katholische Kirche anders glaubte, und noch glaubet, als Sie, H. Prediger; dann haben Sie schon die Gütigkeit, und machen ein bischen Platz (*). Doch wir wollen auf den heiligen Chrysostomus zurück gehen, den Sie selbst zu Ihrer Schutzwehre auffordern: Mein! was wollen Sie mit den zwo Stellen, die Sie S. 197. aus diesem heiligen Vater anführen? Etwa gar einen Beweis

---

(*) Nur Schade, daß Sie nicht auch bey den Koncilien zugegen seyn konnten; dann wäre es um die Ohrenbeicht geschehen gewesen. Nun müssen Sie schon Geduld haben, bis wiederum eines zusammen berufen wird; studiren Sie aber indessen besser, damit Sie doch den unwissenden Männern recht an die Hand gehen können. Sie, und Barth. Spina, den Sie zuvor zum Leben erwecket müssen, werden ohne Zweifel dazu berufen werden, damit gelehrte, nicht kühne und ehrsüchtige Männer, wie dieser Auswurf von Katholiken die Kirchenversammlung von Trient betitelt, erscheinen können.

weis wider die Ohrenbeicht heraus drehen? Sie wollen vielleicht daraus die Folge ziehen, daß es schon genug sey, wenn man Gott alleinig seine Sünden beichte? Aber sehen Sie, Herr Prediger, eben in der neunten Homilie über die Epistel zu den Hebräern, die Sie da anführen, setzt Chrysostomus die Frage: „In wem besteht das „Heilsmittel der Buße, und wie wird es vollzo„gen?" Er giebt sich alsdann selbst die Antwort: „Zuerst in der Verdammung, und in dem „Bekenntnisse (declaratione) seiner Sünden. „Wenn aber der Beichtende nur überhaupt sagt: „ich bin ein Sünder; und weder an die Gattung „der Sünde gedenkt, noch die Zahl derselben be„stimmt, und nicht sagt: Diese und jene Sünde „habe ich begangen, so wird die Sünde in ihm nicht „aufhören." Was sagen Sie dann zu dieser Stelle, Herr Prediger? Mein! Wenn man Gott nur alleinig beichten dörfte, zu was wäre nöthig, daß man ihm die Zahl und Gattung herzählete? Vielleicht weil er sonst die Beschaffenheit der Sünde nicht wissen würde? — Wie toll! — Behauptet also der heilige Chrysostomus dadurch nicht auffallend deutlich, daß man das Bekenntniß seiner Sünden auch vor dem Priester ablegen müsse, der eben durch die Entdeckung der Zahl

und

und Gattung den Zustand des Sünders erkennen muß, um, vermöge seines von Christo aufgelegten Amtes, binden oder lösen zu können? Wer dieses nicht einsieht, der muß keine Vernunft mehr haben. Eben so fällt auch der Beweis, den Sie aus der Stelle in Psalm 50. wider den Franzosen ziehen möchten. Heißt es nicht, wie Sie selbst hinsetzten? „Peccata autem tua ipse „commemora; und gleich nach Ihrem angeführten Texte: „Ob ea, quæ tibi probrum ac de-„decus afferebant, non erubescebas: & nunc „ob verba ea, quibus justitia tibi compara-„tur, erubescis. Hic narra, ut non illic „narres." In dieser und mehrern Stellen ermahnet Chrysostomus die Gläubigen zur Ablegung der Schamhaftigkeit: würde aber diese Ermahnung nicht überflüssig und albern seyn, wenn man dem Priester seine Sünden zu bekennen nicht gehalten wäre? da es ja keine Schande seyn kann, selbe Gott alleinig und in seinem Herzen zu bekennen. Herr Prediger! dieß leuchtet einem Schüler aus der dritten Klasse ein.

(Vielleicht nächstens mehreres.)

Beyträge
Zur Geschichte der Verzeichnisse verbotener Bücher, und der Verstümmelungs-Register.

In meiner Sammlung für die Geschichte, vornämlich zur Kirchen- und Gelehrtengeschichte, davon nur der erste Band 1779. zu Nördlingen im Bekischen Verlage, herausgekommen ist, habe ich einen Anfang von diesen Beyträgen gemacht. Ich setze sie fort, weil ich hoffe, daß ich dadurch zur vollständigen Geschichte dieser Verzeichnisse, einen nicht ganz unbedeutenden Vorrath, liefere. In der Geschichte solcher Verzeichnisse gehen die meisten, die davon geschrieben haben, bis auf die Zeiten des Papsts Gelasius, und des von ihm im Jahre 493. veranstalteten Koncils, zurücke; weggerechnet die einzelnen Warnungen der Kirchenväter von der Lesung heydnischer Schriften, und Kaiserliche Verbote einiger Bücher, die von Männern geschrieben waren, welche auf Kirchenversammlungen, als Ketzer gebrandmarkt wurden. Da aber der erste und wahre Ursprung, und überhaupt die Aechtheit, des im Jure Canonico dem Gelasius zugeschriebenen Registers, völlig ungewiß ist,

und

und man darüber, nach so vielen, von den gelehrtesten Forschern unternommenen Untersuchungen, noch zu keiner bestimmten und sichern Entscheidung, hat kommen können, wohl auch schwerlich jemals kommen wird, so ists auch unnöthig, hier weiter davon zu sprechen, und es mit in Rechnung zu nehmen. Eigentlich hat erst die Religions- und Kirchenverbesserung im sechszehnten Jahrhundert Verzeichnisse dieser Art veranlasset, und da scheint die Sorbonne zu Paris den ersten Anfang davon gemacht zu haben. Es ist bekannt, daß dieses Kollegium, von dem heißesten Eifer entflammt, sich sehr frühe gegen Luthern, seine Lehrsätze und Schriften, geregt habe. Es hatte damals einen Syndikus, M. Natalis Beda, der wie ein Spürhund auf verdächtige Waaren Jagd machte, und der selbst nach dem Zeugnisse seines Lobredners, des bekannten Karl du Plessis d'Argentre, sich von einem allzuhitzigen Religionseifer hinreißen ließ. Er bewirkte durch seine Anklagen und Aufforderungen schon im Jahre 1521. bey der Sorbonne die voreilige und hitzige Verdammung der Lehrsätze des Augustiner-Mönchens, Martin Luthers, die selbst den sonst so sanftmüthigen Melanchthon, äußerst entrüstete, und ihm eine heftige Vertheidigung

des

des ersten Glaubensverbesserers und seiner Lehrsätze abnöthigte. Ihm und seinem Betreiben ist es zuzuschreiben, daß im Jahre 1523. von dem Parlamente zu Paris, die Schriften Luthers zur Feuerstrafe verdammt, Melanchthons verboten, und ein kleines Buch Berquins, den Beda hernach zum grausamen Märtyrertod befördert hat, der theologischen Fakultät der Sorbonne zur richterlichen Untersuchung übergeben wurden. Man darf auch sicher die hernach erfolgten verdammenden Urtheile des Parlaments sowohl als der Sorbonne, wider Merlins, Fabers, Erasmus, Berquins, und anderer Neulinge, wie sie genennet werden, Bücher und Lehrsätze, die gemeiniglich unter dem Namen der Lutherischen Ketzerey, gebrandmarkt sind, auf dieses hitzigen Mannes Rechnung zählen. (*)

Das waren nun Vorbereitungen zu dem ersten richterlichen Bücherverzeichniß, das die theologische Fakultät der Sorbonne zu Paris 1530. verfertiget hat. Daß es schon damals öffentlich im

---

(*) Du Plessis d'Argentre collatio judiciorum de novis erroribus, qui ab initio XII. seculi usque ad ann. 1632. in ecclesia proscripti sunt, & notati. Tom. II. conclus. judicia. S. 1. ff. collectio judiciorum. S. 1. ff.

im Drucke erschienen, kann ich nicht gewiß behaupten. Indessen kann man es doch wahrscheinlich vermuthen, weil den rüstigen Ketzer- und Bücherrichtern, in der Sorbonne, ausnehmend viel daran gelegen war, ihre verdammende Urtheile allenthalben öffentlich bekannt zu machen, und zu diesem Zwecke der Druck das bequemste Mittel war. Außer der unten angezeigten Sammlung (*) finde ich von diesem Verzeichniß nirgend eine Anzeige, und selbst Schöttgen, der doch diese Sammlung nützte, hat es zu berühren, vergessen. Es hat die Aufschrift: Determinatio facultatis Theologiæ scholæ Parisiensis, quorundam libellorum ad eam, ut de iis suum ferret judicium, transmissorum. Es werden darinnen nur 15 Bücher angezeigt. Zwey davon, die vielleicht für verdächtig gehalten worden, werden als solche, die man dulden könne, erkläret, und über drey hält die Sorbonne ihr Urtheil zurücke, daß also das eigentliche Urtheil der Theologen der Sorbonne, über sie zweifelhaft bleibt. Einige sind zur öffentlichen Strafe
des

(*) Du Plessis d'Argentre l. c. S. 25. ff. der das Verzeichniß, nebst den Auszügen und ärgerlichen Sätzen, aus den gebrandmarkten Schriften, da ganz abdrucken lassen.

des Feuers verdammt. Ich will die Schriften, die dieses widrige Schicksal getroffen hat, hier anzeigen, und über einige derselben, vielleicht nicht ganz unnöthige Bemerkungen, beyfügen. Ott. Brunfelsens Pandectæ V. &. N. Testamenti. L'oraison de J. C. qui est le pater noster, le credo, les dix commendemens, les sept pseaumes tout en François contenant plusieurs autres traités Lutheriens; Hermanni Bodii unio diffidentium, tam Latine, quam Gallice, libellus, qui dicitur supplicatorius pauperum ad Regem Angliæ; centum sex decem conclusiones Franc. Lamberti; H. C. Agrippæ opus de vanitate, & incertitudine scientiarum.

Zuerst bemerke ich, daß die Bücherrichter nicht vergessen haben, die Gründe anzuzeigen, die sie zu einem so harten Urtheile wider diese unschuldigen Schriften, bestimmet haben. Sie liefern Auszüge aus denselben, und zeichnen die Sätze besonders aus, die ihren Augen ärgerlich waren. Es sind dem größten Theile nach solche Sätze, die Luthern, und andern damaligen Religionsverbesserern, gemein waren, und die man in einem Verzeichnisse eifriger Katholiken, die

dem

dem Papſte anhangen, verworfen zu finden, ſich nicht wundern darf. Einige ſcheinen die Bücherrichter außer ihrem Zuſammenhange, und Verbindung im Text hingeſetzet, und dadurch die Geſinnung des Verfaſſers anders, als er ſie wirklich geäußert, vorgeſtellt zu haben. Das habe ich wenigſtens bey Vergleichung der ausgezogenen Säße, aus dem Brunfels, mit ſeinen Pandekten, bemerkt.

Da dieſe Bücherrichter, nur um einzler Säße willen, ganze Bücher verbieten, und zum Feuer verdammen, ſo merkt man, daß ihnen die Kunſt der Reinigung und Verſtümmelung noch unbekannt geweſen, die doch ſchon ein alter Kirchenvater, Ephräm der Syrer, meiſterhaft verſtand, deſſen Beyſpiel in den folgenden Zeiten der Jeſüite Gretſer ſehr gelobet, und den Bücherzenſoren zur Nachfolge empfohlen hat. (*)

Ueber

(*) Gretſer de jure & more prohibendi, expurgandi, & abolendi libros hæreticos & noxios. Ingolſtadii 1603. 4. p. 42. und 44. Ein gegen die Proteſtanten höchſtgiftiges Werk, das, nach dem Urtheile des ſeligen J. H. Böhmers, ſelbſt verdiente verboten zu werden.

Ueber einige in diesem Verzeichnisse verurtheilte Schriften, habe ich Bemerkungen versprochen. Und hier sind sie. Die französische Schrift: L'oraison &c. scheint eine Verlassenschaft des L. Berquins zu seyn, der wenigstens schon im Jahre 1525. im Verdacht, und zwar nicht unrichtig war, daß er des Erasmus Paraphrasin des Gebetes, das uns Jesus gelehret, und eben desselben Erklärung des sogenannten apostolischen Glaubensbekenntnisses, die, wie ich vermuthe, die zwey ersten Stücke dieser verbotenen Sammlung sind, in die französische Sprache übersetzet habe. Beda berichtet dieß selbst in einem Briefe an den Erasmus, in welchem er diesen großen Mann über seine freymüthige Schreibart, und das dadurch gegebene Aergerniß, bestrafet (*). Von den übrigen, in dieser Sammlung enthaltenen Schriften, die Erklärung der 10 Gebote ausgenommen, die wahrscheinlich auch eine Uebersetzung der Erklärung des Erasmus ist, glaube ich, daß es französische Uebersetzungen einiger Werkgen Luthers seyen, die Berquin sehr hochgeachtet hat, und sie in seinem

---

(*) Fechtii supplementum hist. Ecclef. Saeculi XVI. f. epistolæ celeberrimorum theologorum ad Marbachios. p. 870.

nem Vaterlande auszubreiten, sehr ernstlich bemühet war.

Die Supplicatio pauperum war eben in diesem Jahre 1530. zu London herausgekommen. Eine freymüthige und beißende Schrift, wider die hungrigen Mönche, die dem armen Volke, durch ihre Gierigkeit und Betteleyen, alle Almosen und Nahrung wegschnappen. Burnet giebt den Simon Fish von Greyes-Inn zu ihrem Verfasser an, und erzählt, daß sie K. Heinrich dem Achten von seiner damals geliebten Anna Bolena sey überreichet worden, und seinen Beyfall erhalten habe, der auch den Verfasser gegen alle Verfolgung, seines Schutzes gewürdiget. (*)

Verschiedene lateinische und ein paar teutsche Ausgaben der Unionis diffidentium, des sehr unbekannten Herm. Bodius sind bekannt genug. Aber von einer französischen Ausgabe habe ich sonst nirgend, als in diesem kurzen Verzeichnisse der Sorbonne, einige Anzeige gefunden.

Zehn

(*) Burnetti historia reformationis ecclesiæ Anglicanæ Genevæ 1669. P. 1. f. 93. und aus ihm Gerdes. in histor. renovati evangelii Tom. IV. p. 218. Beede bemerken, daß Th. Morus wider diese Schrift geschrieben habe: Supplicatio animarum scilicet in purgatorio detentarum.

Zehn Jahre nach dem Parisischen Verzeichnisse verbotener Bücher, kam das erste Niederländische zu Antwerpen, zum Vorschein, dem ein sehr strenges Placat des Kaiser Karl des Fünften, gegeben zu Brüssel den 4. Oct. 1540, voransteht. Das Original in brabantischer Sprache, hat der selige D. Rieberer, der diese Seltenheit selbsten besaß, beschrieben (*), und von der teutschen Uebersetzung, die in eben diesem Jahre herausgekommen, handelt mein seliger Vater (**). Ich habe also nicht nöthig, weiter von diesem Register zu sprechen, da ich dem, was diese verdienstvolle Männer davon gesaget haben, nichts hinzuzusetzen weiß.

Vom Parlament zu Paris aufgefordert, rückte die Sorbonne 1542. im Monat März mit einem neuen Verdammungs-Register hervor. Schöttgen und Zobel, haben die schon mehrmals berührte Sammlung des d'Argentre, in welcher man dieses Register findet (***), vor sich gehabt, und doch desselben nicht mit einem Wort gedacht.

Es

(*) Nachrichten zur Kirchen- Gelehrten und Büchergeschichte. 1. B. S. 354. f.

(**) Ergötzlichkeiten 2. B. S. 985. f.

(***) Collectio judiciorum &c. Tom. II. 134. f.

Es hat die Aufschrift: Catalogus librorum visitatorum, & qualificatorum per facultatem theologiæ Parisꝼ. a festo nativitatis dominicæ A. D. 1542. ad secundam diem Martii ejusdem anni. Ad postulationem Curiæ Parlamenti. Fünf und sechszig Bücher sinds, die hier verboten werden. Daß dieß Verzeichniß eine Fortsetzung desjenigen seyn sollte, das die Sorbonne 1530. ausgefertiget hat, schließe ich daher, weil außer des Bodius Unio keine Schrift, die in jenem Register gebrandmarkt ist, wiederholet wird. Die französischen Uebersetzungen biblischer Bücher, die Produkte aus der Presse des Stephan Dolets, und was zu Genev herausgekommen, hatten besonders das Unglück, den Censoren zu misfallen. Die mehresten bezeichneten Schriften sind anonymisch. Sonst aber liest man hier die Namen des Brenz, Buzers, Bugenhagens, Erasmus, Calvins, Luthers, Lamberts, Marots, Melanchthons, Oekolampads, Sarcers und Zwingels. Man hat Ursache zu zweifeln, daß die Verfasser dieses Verzeichnisses, die lateinischen Bücher, die sie verurtheilen, selbst vor Augen gehabt. Denn sie lassen sich unverzeihliche Fehler in ihren Anzeigen zu Schulden kommen. Es müßten nur die hier sichtbaren Namenverfälschungen [dem Herausgeber d'Argentre anzurechnen seyn. Sarcer von Annaberg heißt zweymal Avince Montanus, Bujer, Buccer, Heinrich Büllniger. Hemryfus, Bugenhagen, Brugenfarius, und die allenthalben bekannten loci theologici des unsterblichen Melanchthons, sind in locos communes logicos verwandelt.

Was die Anzeige: in apocalypfin Joannis Ecclefiæaftes Be-men commentarii, bedeuten soll, würde wohl niemand errathen, wenn nicht ein späteres Verdammnißregister der Sorbonne, dieses Räthsel auflößte.

Getreu meinem ehedem gegebenen Verspruche, nichts, was von andern schon gesagt worden, unnöthig zu wiederholen, übergehe ich hier den Index librorum prohibitorum des Johannes Cafa, den mein seliger Vater im zweyten Bande der Ergötzlichkeiten, hinreichend beschrieben hat. Aber das Verzeichniß verbotener Bücher, das zu Paris die Sorbonne 1551. drucken lassen, und das ich aus der schon mehrmals genannten Quelle kenne, verdient hier eine nähere Anzeige. Denn was Zobel, Reichard und Schöttgen, davon sprechen, ist zu sattsamer

Kennt-

Kenntniß nicht hinreichend. Die Vorrede des Dekans und der theologischen Fakultät, ist sehr ernsthaft, und giebt Rechenschaft von der Beschaffenheit ihres Unternehmens. Da sie ein bedeutendes Zeugniß ist, wie ausgebreitet damals der Protestantismus in Frankreich gewesen, und mit welchem Eifer König Franz und das Parlament zu Paris, an der Vertilgung desselben, und seiner Anhänger, gearbeitet haben, so soll sie in der Beylage meinen Lesern vorgeleget werden, weil doch das große Werk des d'Argentre, woraus ich sie nehme, in wenig Händen ist, und auch die im Jahre 1556. zu Paris gedruckte lateinische und französische Ausgabe dieses Verzeichnisses, mit der Vorrede, selten sind.

Das Register selbsten ist viel reichhaltiger, als die vorhergehenden. Es ist in alphabethischer Ordnung, nach den Zunahmen der Schriftsteller, eingerichtet. Zuerst stehen die in lateinischer Sprache geschriebnen Bücher, deren Verfasser bekannt sind; und denn folgt das Verzeichniß unbekannter, oder doch ungewisser Schriftsteller, in eben dieser Sprache. Eben so ist das Verzeichniß der in französischer Sprache ans Licht getretenen Bücher, eingerichtet, dem ein Anhang beygefüget ist, in welchem französische Uebersetzun-

ßungen der 5 Bücher Mosis, der Pfalmen, und
des neuen Testamentes, verboten werden. Die
Censur, diesem Anhange vorangesetzet, ist merk⸗
würdig, und zeigt den bittern Eifer der angebli⸗
chen Lehrer göttlicher Wahrheiten, in deren Na⸗
men sie gefertiget ist, gegen die Bekanntmachung
der heiligen Schrift, unter den Layen in der
Muttersprache. Hier ist sie. Cenſura librorum ſequentium, & ſimilium. Quamvis
in quamcunque linguam vertantur ſacræ litteræ, quæ ſua natura ſanctæ ſunt, & bonæ:
quanti tamen ſit periculi permittere paſſim
lectionem earum in linguam vulgarem tra-
ductarum idiotis & ſimplicibus, nec eas pie
& humiliter legentibus, quales nunc plurimi reperiuntur, ſatis indicarunt Waldenſes,
pauperes de Lugduno, Albigenſes, & Tur-
lipini, qui inde occaſione ſumta in multos
errores lapſi, plurimos in eosdem induxe-
runt. Quare hujusce tempeſtatis perſpecta
hominum malitia, periculoſa, & pernicio-
ſa cenſetur ejusmodi traductio.

Zuletzt werden noch einige Bücher, die vor⸗
her vergessen worden, verboten, und unter diesen
insbesondere die welschen Predigten des Bern⸗
hardin Ochins, die freylich den Censoren nach ih⸗
ren

ren Grundsätzen, nicht gefallen konnten. Auch hier trift man bey der Anzeige der Namen eine Menge, allen Verzeichnissen verbotener Bücher, gewöhnlicher Fehler an; doch finde ich [den im] Register der Sorbonne vom Jahre 1542. beym Sarcer begangenen, richtig gebessert. Ich will nur einige dieser Fehler hier auszeichnen. Achilles Gaßar kommt blos unter seinem Vornamen, im Buchstaben a. vor. Buzer heißt im lateinischen Verzeichniß abermal Buccer, und im französischen Bucher; der bekannte Borhaus, sonst Cellarius, Bourabius; Sebastian Castellio, so hat er sich selbst geschrieben, Stephanus Castallio: Menius Mevius; Petrus Martyr Vermilius Vironglius Firentinus.

Robertus Stephanus, besonders seine Bibelausgaben, und alles was aus seiner Presse hervorgekommen, steht ganz in der Ungnade bey diesen Censoren. Hier treffe ich auch schon den Maynzischen Mönchen und Prediger Johannes Ferus, an, und die Aufklärung dessen, was mir oben räthselhaft war. Im Buchstaben m. steht nämlich: ex libris Joannis Mayer, ecclesiastæ Bernensis in apocalypsim commentarius. Der ist also der im Verzeichnisse vom Jahre 1542. gebrandmarkte Ecclesiæaltes Be-men.

K 5   Bey=

Beylage.

Decanus & Facultas Theologorum Parisiensium, omnibus in Christo fidelibus S.

Qui corporis humani sanitatem tuendam susceperunt, non satis officio suo factum iri putarunt, ea tantum quae salubria essent humano corpori, quaeque bonam ejus valetudinem, & conservarent, & auctiorem vegetioremque redderent pharmaca suis scriptis demonstrasse, herbasque & plantas, adjectis etiam figuris & formis, quibus ab alliis dignoscerentur delineasse: nisi simul & pharmaca iis contraria herbasque & plantas, que sanitati prorsus adversarentur, suis nominibus designarent, suis que lineamentis & figuris efformatas, velut in tabella quadam ob oculos nobis proponerent. Quis autem negare potest illos doctissimos medicos, & rerum naturalium sapientissimos perscrutatores, totius naturae integritati conservandae hac via vel maxime, consuluisse? Qui nisi suorum scriptorum monumentis harum rerum cognitionem nobis reliquissent, quis non intelligat, quam facile pro germanis adulterina pharmaca, pro salubribus, exitiatialia, & pro antidotis, toxica, non fine totius generis humani gravi incommodo, deligerimus? Quod fi tam deligentes fuerunt veteres illi, & infignes medicarum rerum fcriptores, ob folius corporis fanitatem, quam veluti unicum fuorum laborum fcopum præ oculis habeant, quid putandum eft, & feciffe hactenus, & facturos in pofterum doctiffimos illos, & fanctiffimos animarum noftrarum medicos, qui hauddubie tanto folicitius huic rei nervos omnes intenderunt, quanto magis animam corpori præftare intelligebant? Id nos docuit in primis medicorum omnium fummus, imo ipfiffima medicina, Deus: qui formatum hominem & in paradifo collocatum, cæterarum arborum ufu permiffo, ut a ligno fcientiæ boni & mali abftineret, præmonuit. Docuit hoc ipfum & Chriftus, qui non tantum animarum faluti conducibilia, fed quæ etiam effent, veluti mortiferum quoddam poculum fugienda, aperuit. Quam vero hoc deinde folicite egerint, divino afflati Spiritu Evangeliftæ & Apoftoli, dilucidius eft quam explicari poffit. Qui fuis fcriptis & epiftolis canonicis nos copiofe docuerunt,

quan-

quantum difcrepent fructus & opera fpiritus, ab iis quæ carnis funt. Quæ omnia propriis defignat nominibus apoftolus Paulus, inter illos præcipuus, epiftola ad Galatas. Hoc idem maximo ftudio curarunt doctiffimi quique facrarum litterarum interpretes, divi Cyprianus, Hilarius, Chryfoftomus, Ambrofius, & plerique alii. Inter quos Hieronymus librum edidit, cui titulum fecit, De fcriptoribus Ecclefiafticis hæreticos una cum orthodoxis commemorans, & fingulos fuis pingens coloribus: ut non eos modo quos imitari, fed & quos fugere oporteat doceamur: ne in eorum fcripta veluti in fcopulum quemdam impingamus, & toxico, quod in iis latet inficiamur. Divus item Auguftinus librum edidit adverfus fuæ ætatis hærefes: quod & ante eum fecerat Epiphanius epifcopus Cypri, inter Græcos Theologos doctiffimus ne forte lectores incauti, & veluti mellito quodam poculo illecti, impiis doctrinis animum addicerent. Hos imitati funt ex pofterioribus quam plurimi, non minori fanctitate quam eruditione clari: qui fimul cum veteribus, novas, quæ clam emerferant, hærefes iudicare curarunt:

ut

ut noffent omnes, a quibus præfertim cavendum effet impiis affertionibus & libris, quantumvis gloriofis titulis effent adornati. Qui eo funt circumfpectius fugiendi quo venenum nobis propinant præfentius, blandiloquentia quadam, veluti melle illitum: ipfo tamen felle, & fi quid aliud amarius eft, longe amarulentius. Porro quam neceffario, quamque utiliter veteres fcriptores id ipfum fecerint, docent hujus fæculi mores. Quod fi ufpiam neceffarium eft, libros ipfos cum authoribus propriis nominibus defignare: in hoc præfertim Chriftianiffimo Galliarum regno factum oportuit. Cui certe non immerito, ejusque regibus, ad hæc usque tempora, Chriftianiffimi nomen inditum eft. Sed ne hoc infigni titulo fpoliemur, nobis ftudiofe & vigilantiffime curandum eft. Ut quos jam diu, proh dolor! circumvallant lupi rapaces & famelici, qui non modicam Gallicarum ovium multitudinem, locis & civitatibus compluribus peftiferis fuæ doctrinæ dentibus jam devorarunt, reliquum gregem hauddubie voraturi, nifi eorum conatibus diligenter & quam citiffime eatur obviam. Qui affi-

, due

due nullum lapidem non movent, nihil non tentant & moliuntur, ut univerſos in ſuas perditiſſimas ſectas pertrahant & detrudant. O felicem Hieronymi ætate Galliam, quæ eodem atteſtante, ſola monſtris caruit. At vero qui adverſus unicum Galliæ monſtrum Vigilantium, totis eloquentiæ viribus detonabat, quid dicturum putamus, ſi jam redivivus in Galliis ageret? Non eſſet profecto Galliam ita deformatam agniturus in qua mille Vigilantios, Jovinianos mille, & innumeros alios nocendi artifices paſſim obvios haberet. Quantum ingemiſceret, qui Galliam tam miſeranda facie deformem, a veteri illa, quæ ſua tempeſtate florentiſſima erat, aſpiceret mirum in modum mutatam? Quantis arbitramur eloquentiæ & doctrinæ viribus (ſi ſuperſtes eſſet) adverſus hæc monſtra decertaret, qui contra pauciſſimos ſuæ ætatis hæreticos, tanta ſcripturarum vi tanta mole & robore conflixit, ut victis non amplius licuerit ne criſtas quidem, & cornua erigere? Quanquam vivit hauddubie Hieronymus, & cum Chriſto regnat in cœlo, ſuisque ſcriptis pro Chriſti fide & Eccleſiæ defenſione, adverſus veterum

hære-

hæresum instauratores, indefesse pugnat: novos istos Jovinianos, & Vigilantios, & si quæ sunt alia monstra potentissimis scripturarum machinis conterens. Non desunt autem etiam hac tempestate invicti fidei propugnatores: sed nec unquam deerunt quos suscitabit Dominus, in suæ sponsæ defensionem, Danieles quam plurimi, Hieronymi & Augustini, qui murum sese pro Ecclesia, adversus impiorum tela, & linguas venenatas objiciant. Quique quamlibet flaverint venti, descenderit pluvia, eruperint flumina, nunquam tamen, Christi adjuti præsidio, sinent Petri naviculam demergi. Quæ vel invitis omnibus inferorum portis, quantumvis etiam allatrent canes Cerberei, insaniant furiæ, imo & ipse totus Acheron frendeat: stabit tamen semper firma & stabilis (Pauli testimonio) columna & firmamentum veritatis. Hanc tamen adversus rugit leo ille immanissimus, adversarius noster diabolus, fremit draco septem capitibus insignis, Christianæ fidei hostis infensissimus, hanc cupiens cum suo grege devorare. Quod quia suis viribus nunquam poterit, id agere molitur, subornatis sparsisque

per

per orbem fatellitibus fuis impiiſſimis hæreticis, qui venenatis jaculis, nimirum libris
fuis perniciofiſſimis, totum orbem peram-
bulant, ut quod faciebant, Pharifæi, Pro-
felytos quam plurimos, fectæ fuæ adjun-
gant. Qua in re (dolentes referimus) ita
in totius Chriſtianifmi perniciem profece-
runt: ut vix ulla fit regio Chriſtianis ritibus
aliquando rite inftituta, quam fuis fibillis
& fufurris exitialibus, voce vel fcripto, non
aliqua ex parte contaminarint. Solent enim
zizania & herbæ, plantæque noxiæ, majoribus incrementis fefe dilatare, quam falubres & innocuæ. Adeoque jam magno
Chriſtianifmi malo excrevere, ut periculum
fit, ne brevi falubres, fuffocent: fuisque
tandem illi fraudibus & technis, univerfum
Chriſtianifmum perdant: nifi ab incœpto
itinere præpediti cohibeantur, & repriman-
tur. Et hactenus quidem videbatur piis omnibus perfuafum, ut ferpentis illius præci-
pui Lutheri, præcifo capite, totus orbis
pacatior fieret. Sed (quod non fine gemitu dicimus) poft damnatum a fummo pon-
tifice, ipfisque principibus & Theologorum
fcholis, totius pene orbis confenfu, Luthe-
rum:

rum: fuborti funt ftatim alii innumeri, tanquam hydræ capita, Lutherano longe nocentiora, qui fua virulenta dogmata tanto impetu & incredibili feritate ita late effuderunt: ut univerfum prope orbem Chriftianum, cum publicis, tum privatis concionibus, librisque editis, & in vulgus fparfis, perfuaferint & infecerint: nec etiam ab ipfo Galliarum regno hactenus Chriftianiffimo abftinuerint. In quo, & manibus fere omnium haberi, & per omnes circumferri impiorum hæreticorum libros videmus, & dolemus. Qui ingens aliquod in regnum propediem illaturi funt incommodum, nifi, relegatis profligatisque quamcitiffime perditiffimis fectis, ex omnium manibus fortiter excuffi flammis confecrentur. Quanquam quod ad Gallias noftras attinet, bona nobis fpes eft, adjutore Chrifto, abominandas omnes hærefes e regno Chriftianiffimo intra paucos dies ablegandas effe. Non enim defuit hactenus negotio fidei promovendo, hærefumque extirpationi rex nofter Francifcus, re & cognomento Chriftiauiffimus: qui qua eft, & fuit femper in Chriftum ejusque fponfam Ecclefiam infigni pietate & ob-

fer-

fervantia, non deftitit unquam Ecclefiæ partes tueri. Neque potuit vel minimum quippiam ab Ecclefiæ placitis divelli: quin potius ut peftem Lutheranam, omnium quæ fuerunt unquam peftilentiffimam, e fui regni finibus propelleret, ftatutis fuis & decretis quamplurimis, modis omnibus in hæreticos animadvertit. Porro intelligens rex Chriftianiffimus, vere fcriptum effe, qualis rector civitatis, tales & habitantes in ea: & illud poetæ, Regis ad exemplum totus componitur orbis, quam mordicus femper retinuerit traditam acceptamque a majoribus orthodoxæ Ecclefiæ fidem, non modo interpofitis decretis, fed exemplis profeffus eft per fe graviffimis. Quando ante annos aliquot, indictis adverfus Iconomachos (qui contumeliam divæ Virginis imagini irrogarant) fupplicationibus, argenteam ille, pie religiofeque, non fine totius populi congratulatione, in locum mutilæ detruncatæque ab impiis reftituit. Deinde annos poft aliquot, quam de facrofancta Euchariftia, cæterisque facramentis & Ecclefiæ fanctionibus pie fentiret, quamque omnis generis hæreticos odiffet, abunde teftatus eft: cum

ad

ad placandam Dei in nos iram, publicas fieri decrevit supplicationes. Quibus gestata per urbem sacrosancta, Euchariſtia, quam religiose aperto capite, ardentem facem manu gerens, una cum pientiſſimis filiis interfuerit, norunt multa hominum millia: qui tunc præ gaudio lachrymabundi, Chriſtianiſſimi regis pientiſſimam fidem intuebantur. Neque peractis supplicationibus, prius urbe discedere conſtituit, quam sumpto de variis hæreticis, variis in locis supplicio, & fidem suam religionemque bonis omnibus imitandam, & formidandam hæreticis animadverſionem proponeret. Curavit & hanc peſtem procul hinc abigendam, Chriſtianiſſimi regis accenſus exemplo supremus Pariſienſis Senatus: qui suis arreſtis & decretis deprehenſos hujus sectæ viros variis affecit suppliciis. Quosque comperit adverſus auguſtiſſimum, & inprimis venerandum Euchariſtiæ sacramentum impie senſiſſe, nec non reliquis hæreſibus pertinaciter adhærentes flammis ultricibus urendos adjudicavit, quo cæteri a nefandis iſtis dogmatibus arcerentur. Nos autem vocationis noſtræ non immemores, in tanto fidei negotio &

dis-

discrimine, tantisque infelicis hujus sæculi tumultibus, haud quaquam ceſſatores egimus. Dici enim non poteſt facile, quantis ſudoribus adverſus hæc dogmata invigilaverimus, dum nunc ab epiſcopis, nunc a Senatu, nunc a provinciarum præſidibus ſuper hæreticis propoſitionibus, & libris rogati, ut de ea quæ in nobis eſt fide rationem redderemus, totos pene dies eam in rem noctesque impendimus. Et hæc omnia quamvis juxta nobis conceſſum a Deo munus, diligenter curaverimus, fieri tamen non potuit, quin novis quotidie ſuborientibus ſectis, novis etiam hæreſum ſeminariis pullulantibus, novæ quoque ſuccreverint hæreſes. Quas ut tam impii artifices tueantur, & hominum mentibus infigant, mirum eſt quam a decennio excreverit librorum numerus. Quos ut in manus hominum obtrudant, inſignibus titulis & glorioſis præfationibus muniunt: quo minore negotio incautis lectoribus imponant, dum mellito frontiſpicio illecti, nihil fellis, nihil amarulentiæ, nihil denique veneni in ejs latere ſuſpicantur. His artibus, his technis multorum corda ſeduxerunt. Quam tamen va-

fri-

friciem diligenter attendere nos præmonitos voluit divus Paulus, epiftola ad Romanos, Obfervate, inquiens, eos qui diffenfiones & offendicula, præter doctrinam, quam vos didiciftis, faciunt & declinate ab illis: hujusmodi enim Chrifto Domino noftro non ferviunt, fed fuo ventri: & per dulces fermones & benedictiones feducunt corda innocentum. Non poterat divus Paulus noftræ tempeftatis hæreticos aptius & magis graphice depingere, neque latentem fub ovilla pelle luporum gregem, evidentioribus argumentis, & fignis nobis manifeftare, ne fi horum ftrophis, & fucatis mendaciis contaminaremur. Omnium autem hæreticorum communis eft morbus, ut quanquam maxime in fcripturis intelligendis hallucinentur, ipfi tamen miro quodam fupercilio, fcripturæ, religionis, & dogmatum fcientiam fibi arrogent: interim cæteris, qui fectis fuis addicti non funt, detrahentes. Hinc eo dementiæ prorumpunt, ut omnium rerum magifterium fibi impudenter affumant: quodque deterius eft, cum maximis fint ignorantiæ tenebris involuti, fua non contenti ignorantia, nihil non pertentant, ut & cæteros in hanc errorum caliginem adducant. Quorum in numero funt nonnulli, qui manifefto & palam fua dogmata obtrudere non verentur. Sunt & alii qui fupplicii metu oblique & fecreto ea auditoribus fuis ingerunt. Qua ex re fit, ut perverforum librorum diverfa genera circumferantur, quibus corda fidelium feducuntur. Sunt autem ex illis libris, quamplurimi, qui authorum fuorum nomina fronte præferunt: eorum fcilicet hæreticorum, qui jam deplorati, de fua gloriantur infania. Sunt & qui neque præli, neque officinæ excuforiæ, fed neque vici, aut civitatis nomina exprimant: a quorum lectione fummo opere cavendum eft piis hominibus. Sunt & alii qui veris authorum nominibus fuppreffis, ut facilius lectores ad fui lectionem illiciant, Catholicorum fanctorumque virorum nomina pro titulis habent, quemadmodum paulo ante blafphemiarum & hærefum plenus liber prodiit, cui nomen hæritici fecerunt, Confeffio fidei per Natalem Bedam. Nuper quoque ex officina hæreticorum exiit liber impius cui titulum fecit hæretica pravitas, Proverbia Salomonis. Omittimus quod plerisrisque hæreticis & impiis suis libris ne præfixum hæretici nomen a lectione fideles averteret, pro Calvino Alcuinum se mentitus est impius Calvinus. At hoc proprium hæreticis est ut sua in abditis tantum locisque secretioribus, suæ familiæ hominibus divulgent. Oderunt enim qui male agunt, lucem. Quæ omnia manifestissima sunt impietatis & errorum indicia. Nam si Christianam saperent pietatem, non intra privatos tantum parietes, sed super recta, juxta Christi præscriptum, & legi & prædicari summopere sua curarent. Veritas enim lucis amica, odit tenebras. Quamobrem quis orthodoxus & veritatis lucisque Christianæ amator, non perspectam habeat horum librorum farraginem & ingentem congeriem non aliunde quam a principe tenebrarum profectam esse? Qui lucis & veritatis inimicus, non nisi tenebras amet. Verum quia difficile est admodum simplicibus viris, & non satis in scriptura exercitatis, adulterinos libros & pestiferos a salubribus dignoscere: ob idque sæpius obtrudantur impii pro orthodoxis: multorum precibus, & quotidianis efflagitationibus obsequentes, æquum duximus,

ximus, & veris Chriftianis (quibus neque fas
eft, neque tutum, horum lectioni incumbere) apprime conducibile, libros omnes, qui
in manus noftras devenerunt (funt autem
permulti qui latent adhuc, funt qui quotidie
in lucem recenter prodeunt, quos, quum in
manus noftras venerint, in alterum catalogum redigendos curabimus) fuis nominibus
defignare. Ut compertum habeant & intelligant, five Ecclefiarum præfecti & præfules, five magnates & principes, five fenatores & provinciarum præfides, a quorum lectione librorum fubditam fibi plebem arcere
debeant. Sunt autem ex eorum numero quidam plane hæretici flammisque digni. Sunt
& qui fufpicione hærefeos vehementer laborant. Sunt qui offendiculum & fcandalum
præbeant. Sunt qui blafphemias fuboleant.
Sunt & quos non expediat reipublicæ Chriftianæ in lucem & vulgus emitti. Sunt & alii
permulti, quos ad plenum difcuffos, execrandis fcatere erroribus deprehendimus, atque
tandem una (pro more) congregati, coeuntibus omnium in unam fententiam judiciis, in
catalogum redegimus. Quem ad Chriftianæ
reipublicæ commodum, fub correctione fanctæ matris Ecclefiæ, ac fanctæ fedis Apoftolicæ, typis excudendum dedimus.

Untersuchungen
über einige
Stiftungs- Bestätigungs- Schenkungs- Freyheitsbriefe Schwäbischer Klöster.

Erste Untersuchung über Ottobeurische Urkunden.

Es ist kein Zweifel, daß die alten Stiftungs- Bestätigungs- Schenkungs- und Freyheitsbriefe der Klöster zu den wichtigsten und nutzbarsten Urkunden des Alterthums gehören. Historie, Genealogie, Zeitrechnung, Geographie, Kenntniß der alten Gewohnheiten, Gebräuche und Rechte, und überhaupt alles, was zu dem weiten und reichhaltigen Fache der Geschichtskunde gehöret, gewinnen durch sie die schätzbarsten Aufklärungen. Man hat dahero auf ihre Sammlung und Publizirung, mit Rechte immer auch einigen Fleiß und Aufmerksamkeit gewendet, ob es gleich noch nicht so reichlich geschehen ist, als es hätte geschehen

hen können, und zum Vortheile der Gelehrsamkeit, geschehen sollen.

Aber auch das ist keinem Zweifel unterworfen, denn die unläugbare Erfahrung bestätiget es, daß nicht leicht durch etwas mehrere Verwirrung, Ungewißheit und Fabeln in die Geschichte gebracht worden, als durch eben solche Urkunden, von denen hier die Rede ist. Der Kenner weiß, wie viele Diplomen dieser Art der Welt als ächte, brauchbare Waare aufgedrungen worden, ob sie gleich entweder ganz erdichtet, und fälschlich untershoben, oder verstümmelt, oder mit unstatthaften Zusätzen und Angaben bereichert waren. Ich glaube mit Recht behaupten zu können, daß vorzüglich die Schwäbischen Klöster, und ihre Stiftungs- Bestätigungs- Schenkungs- und Freyheitsbriefe, die sie aufweisen, auffallende Beyspiele dieses diplomatischen Unfugs aufstellen. Man darf nur z. B. einen Beusch, Bucelin, Khaim, Petri durchblättern, so wird man daran nicht mehr zweifeln können. Ich kann mich auch zur Rechtfertigung dieser Behauptung auf die sogenannten diplomatischen Kriege beziehen, an denen Schwäbische Stifter und Klöster, Lindau, Kempten, Ottobeuren, Reichenau, gleich im Anfang

fang ihrer Entstehung, einen bedeutenden Antheil hatten.

Man kann also die Untersuchung solcher Schwäbischen Diplomen wohl nicht unter die unnützen Grübeleyen zählen. Ich wage es, mich diesem Geschäfte zu unterziehen, und mache den Anfang mit den Urkunden, die das benachbarte ansehnliche Benediktinerkloster Ottobeuren aufweißt. Vorerst werde ich mich blos mit den Stiftungs- und Bestätigungsbriefen dieses vornehmen Gotteshauses beschäftigen. Schon im Jahre 1767. habe ich einen Versuch hierüber gewaget, den die tausendjährige Jubelfeyer dieses Klosters, und ein bey dieser Gelegenheit publizirtes Zeitbuch desselben (*) veranlaßte. Meine Leser finden diesen Versuch in der allgemeinen historischen Bibliothek von Mitgliedern des

---

(*) Das von der gottseligen Milde Sylachi gestiftete, durch weise Regierung würdigster Vorstehern erhaltene, durch ausnehmende Freygebigkeit der höchsten und ansehnlichsten Gutthätern verherrlichte tausendjährige Ottobeyren, oder Beschreibung der Stiftung, Erhaltung und Wachsthum des uralten und befreyeten Reichsstiftes und Gotteshauses Ottobeyren. Ottobeyren 1766. fol.

des königlichen Instituts der historischen Wissenschaften zu Göttingen, die der vortrefliche und verdienstvolle Herr Hofrath Gatterer, herausgegeben hat. (*)

Es war ein bloßer seichter Versuch, der bey dem Mangel der Zeit, die ich |darauf wenden konnte, bey meinen damals noch schwachen diplomatischen Kenntnissen, bey der sehr eingegränzten Bekanntschaft mit den nöthigen Hülfsmitteln, nicht besser gerathen konnte, als er gerathen ist. Unterdessen war er doch nach dem Zwecke und Umfange einer Recension hinreichend genug, bey Kennern den Verdacht gegen die Ottobeurischen Stiftungs- und Bestätigungs-Urkunden, der schon längstens durch die Aeußerungen eines Conrings und Tenzels (**), rege gemacht war, zu bestärken.

Die-

―――――

(*) 6. Band. S. 184. ff.
(**) Conringii cenſura Diplomatis, quod Ludovico Imperatori fert acceptum cœnobium Lindavienſe Helmſt. 1672. 4. S. 306. ff. Tenzelii Vindiciæ hiſtoricæ pro H. Conringii Cenſura in diploma fundationis fictitium quod Lindavienſe ad D. Virginem primum Ludovico Imp. Lotharii filio, poſt Ludovico ſeniori Regi Germaniæ, nuperrime Imp. Ludovico Ro. trina variatione adſcripſit oppoſitæ ſic vocatæ juſtæ

defen-

Diesen Versuch lege ich zwar hier zum Grunde. Aber der Leser darf nicht sorgen, nur das, was ich damals geschrieben habe, wiederholt zu sehen. Ich erweitere meinen Plan, und gehe mit mehrerer Belesenheit und nach strengerer Prüfung zu Werke.

Ganz natürlich beschäftigt sich diese Untersuchung zuerst mit der Stiftungsurkunde.

Der Ottobeurische Chronographe hat sie seinem Zeitbuche wörtlich eingerückt, allein gewiß nicht, nach einer in dem Archive zu Ottobeuren aufbewahrten ältern, geschweige denn dem angegebenen Stiftungsjahre, gleichzeitigen Handschrift. Sie ist auch schon längst vorher von andern im Drucke publizirt worden, nämlich von Miräus (*), Khamm (**) und Petri (***), jedoch nicht durchaus

---

defensioni ab ipso coenobio in favorem prædicti diplomatis 1695. Constantiæ typis publicis evulgatæ. Lind. 1700. f. Append. S. 73. ff.

(*) Miræl origines Benedictinæ in collectione scriptorum rerum historico-monastica-ecclesiasticarum curante p. R. D. Michaele Kuen. Ulmæ 1755. fol. Tom. I. P. III. S. 50.

(**) Khammii Hierarchia Augustana Part. III. regul. Aug. 1719. 4. S. 325.

(***) Petri Suevia ecclesiastica, Aug. & Diling. 1699. fol. S. 828.

aus gleichlautend, sondern mit verschiedenen Abänderungen. Khamm hat die Anfangsformel, die das Jahr der Stiftung, und den Kaiser, unter dem sie geschehen seyn soll, bezeichnet, nicht. Miräus hat sie zwar, aber er bezeichnet die Jahrzahl mit Ziffern, die, wie bekannt genug ist, gewiß nicht im Original stehen konnten. In den Namen und in der Orthographie, sind sie fast alle durchaus von einander unterschieden. Ich will nur einige zum Beyspiele anführen. Ermisvint, Erminsvinda, Erminschwint, Gauziperto, Gosbetto, Gauciberto, Gosberto. Dagoberto, Tagoberto; Ottenbura, Uttenburtha; Hargoldus, Hagoldus. Miräus, Petri, Khamm verändern eaque ratione in ea videlicet conditione. Beym Miräus und Petri wird dem Gauzipert, Sohn des Syllachs der Titul: in sancta Viennensi ecclesia episcopus, gegeben. Die Zeugen fehlen beym Miräus, und er setzet beym Beschluß des Diploms nur einmal: Amen; da es andere zweymal, Petri aber gar dreymal, haben. Auch sonsten sind in einem Texte Worte weggelassen worden, die ein anderer hat, z. E. regnante, monasterium, oder verändert, in Vergleichung mit einem andern Texte aufgestellt, z. B. außer der schon bemerkten Veränderung,

&,

&, statt vel; deserviant, statt disserviant; cohæredibus, statt hæredibus; nulli homini, statt nulli hominum.

Ob nun gleich dieser Stiftungsbrief schon mehrmal im Drucke erschienen ist, so wird es doch nicht überflüßig seyn, ihn auch hier wörtlich vorzulegen. Denn theils möchten nicht alle Leser gerade eine der Schriften zur Hand haben, in welchen er schon ehedem öffentlich mitgetheilet worden ist, theils werden meine Bemerkungen über denselben richtiger beurtheilet werden können, wenn man ihn selbsten eben vor Augen hat. Ich gebe ihn nach dem Texte, den das Reichsgotteshaus Ottobeuren selbst publizirt (*), und für ächt und richtig erkläret hat:

Ottobeurischer Stiftungsbrief:

Anno Incarnationis Dominicæ septingentesimo sexagesimo quarto, regnante Carolo glorioso, Romanorum Imperatore. Ego Sylachus ex Alemannia Vir nobilis ac præpotens, & uxor mea Ermismint cum filiis nostris Gauziperto Episcopo, Totone Clerico simul & Dagoberto Laico, Monasterium

---

(*) Das von der gottseligen Milde Syllachi gestiftete Ottobeuren, ꝛc. S. 3. f.

rium in domate proprio, quod divifum & feparatum liberalifiime a cunctis coheredibus noftris contraximus, & poffidemus in loco, qui vocatur Ottenpüra, fecundum ecclefiafticam inftitutionem & judicum leges, in Dei nomine conftruimus atque fundamus. Omnia igitur prædia, & mancipia totamque familiam noftram Omnipotenti Deo & B. Petro, Apoftolorum Principi, nec non invictiffimo Martyri S. Alexandro abhinc in legitimam, ac perpetuam dotem pro incolumitate utriusque vitæ, & pro remedio animarum parentum noftrorum, præfato Monafterio delegamus, eo pacto, eaque ratione ut nulli hominum liceat, hanc donationem aliquatenus infringere, aut unquam commutare, fed ad victum fratribus & veftitum, fummo & vero Regi Deo, inibi militantibus perpetualiter deferviant. Si quis autem invafor, quod abfit, aut tyrannus hanc noftræ donationis confirmationem irruperit, anathema fit a Deo, & mors fuper eum æterna veniat, vivensque in infernum, per omnia fæcula cruciandus, defcendat. Amen! Amen!

Hi

Hi sunt testes, qui viderunt hæc & audierunt Canto, Hilti, Oteno, Landolphus, Hangoldus, Rupertus, & alii plures tam nobiles, quam ignobiles.

Sicher ist dieß keine Abschrift nach dem Original, wenn je eines von dem Jahre 764. vorhanden gewesen ist, und des Klosters Stiftung wirklich in diese frühe Zeit gehöret. Das wird jeder Kenner eingestehen, wenn er auf die beobachtete Orthographie und Interpunction aufmerksam ist. Und keiner unter denen, die ich oben genannt habe, hat eine Abschrift nach der Originalurkunde, geliefert, das aus gleichen Gründen erwiesen ist. Wenn ich diese hier anführen wollte, so müßte ich die dem Diplomatiker bekanntste Dinge wiederholen. Nur so obenhin, für Leser, die in der Diplomatik noch keine weite Schritte gemacht haben, und die mit Originalschriften des Zeitpunkts, in den dieser Stiftungsbrief gesetzet wird, nicht bekannt genug sind, will ich die Hauptsachen berühren. Wenn man auch Codices aus den Zeiten der Karolinger antrifft, in welchen die Doppellauter in einen Buchstaben zusammen gezogen sind, so wird man doch diese Schreibart in keinem Diplome gedachter Zeiten finden,

finden, wie hier, so oft es vorkommt, siebenmal, nämlich das æ. Ich weiß es wohl, daß das Chronicon Gottwicense (*) diese sonst allgemein angenommene Regel, für die diplomatische Orthographie einschränkt, und Fälle, aber nur sehr seltene Fälle, von ihrer Beobachtung ausnimmt. Allein, wo ein unläugbares Beyspiel eines so seltenen Falles? Was Mabillon bemerket hat (**), kann hier nicht in Betrachtung kommen. Es ist aus spätern Zeiten, und noch obendrein das geschwänzte e, statt des Doppellauters.

So ist das kleine s so gar in Büchern, geschweige denn in Diplomen, vor dem zwölften Jahrhundert völlig unsichtbar. Auch ein ansehnliches Gewette könnte ich darauf setzen, wenn mir der geübteste und genaueste Forscher, den Namen Rupertus, so wie er hier stehet, in Originalurkunden dieser Zeiten, aufweisen kann. Ruotpert, Ruodpert, Ruadpert; ist die gewöhnliche Schreibart, dieses, des vorhergegangenen, und noch spätern Zeitalters. Die Anzeige und Unterzeichnung der Zeugen, sind in unserer Abschrift völlig wider die durchgängige Gewohnheit selbiger Zeiten vom Texte abgesondert.

Die

(*) Tom. 1. S. 28.
(**) De arte diplomatica.

Die Interpunction in den Abschriften wird schon jeder Anfänger der Diplomatik als ein Gemächte neuerer Zeit erkennen, wenn er auch nur obenhin gelesen hat, was die größten Diplomatiker nach den strengst geprüften Beobachtungen darüber behaupten, ein Conring nämlich, Mabillon, Tenzel, der Verfasser des Chronicon Gottwicense, Walther, die Verfasser des neuen Lehrgebäudes der Diplomatik, Gatterer. Dieses ist zum Beweise genug, daß die Ottobeurische Abschrift, so wie die, welche andere vorher publizirt haben, nicht aus dem Original genommen ist. Ich behaupte aber noch mehr, und zwar mit vollem Rechte. Nicht einmal nach einer früher gefertigten beglaubten Kopie, sind alle diese Abschriften gemacht. Keiner von allen, die ich angeführt habe, und die dem Publikum eine Abschrift des Stiftungsbriefs vorlegen, sagt uns, woher er seine Kopie genommen habe; bezieh: sich auf ein Archiv, auf ein Original, oder nur beglaubtes sicheres Kopialbuch, oder auf ein Vidimus.

Der Anfang des Stiftungsbriefs enthält offenbar einen Widerspruch gegen die Geschichte, die keinem Zweifel unterworfen, und durch die glaubwürdigsten Zeugen bestätiget ist. So heißt er:

M 2 Anno

Anno incarnationis Dominicæ septingentesimo sexagesimo quarto regnante Carolo glorioso Romanorum Imperatore. Pipin, Karls Vater, lebte noch um diese Zeit, da der Stiftungsbrief ausgefertiget seyn soll. Denn er ist erst im September des Jahres 768. gestorben. Daran ist gar kein Zweifel, da alle Zeitbücher in dieser Anzeige des Sterbensjahres des Pipins, miteinander übereinstimmen.

Erst nach seinem Tode kamen seine hinterlassene Söhne Karl und Karlmann zur Regierung. Auch hierüber haben wir die Einstimmung der gleichzeitigen Geschichtschreiber; so wie überhaupt die Geschichte der damaligen Zeit Bürge ist, daß Pipin von seiner Erhebung zur königlichen Würde an, bis an seinen Tod Alemannien beherrschet, und es der Aufsicht der Nuntiorum Cameræ übergeben habe. An ihn hat der H. Othmar, bey den Gewaltthätigkeiten, die er durch des Constanzischen Bischofs Sidonius Betrieb, von den Cameræ Nuntiis, Warin und Rudhart, dulden mußte, mit seiner Klage sich gewendet (*).

Sein

─────────────
(*) Ratpertus de origine & casibus monasterii S. Galli in Golbasts. Script. Rer. Alem. Senkenbergische Ausgabe. Tom. 1. Part. I. S. 2.
Strabo de vita S. Othmari ebendaselbst. T. I. P. II. S. 177.

Sein Name erscheint auch in den Schwäbischen Schenkungsbriefen, und andern Alemannischen Privat-Urkunden selbiger Zeiten: Regnante domno Pippino, Rege Francorum; Regnante domno nostro Pippino rege. (*)

Der Ottobeurische Chronographe (**) erkennet selbst, daß 764, also in der angegebenen Stiftungszeit des Klosters, Pipin noch gelebet habe. Allein er läßt sich gerade da einen Irrthum zu Schulden kommen, der eine große Unwissenheit in der Geschichtskunde verräth. Denn er behauptet, Pipin, und seine zween Söhne, Karl und Karlomann, haben damals gemeinschaftlich miteinander geherrschet. Er scheint seine Behauptung darauf zu gründen, weil letztere vor zehn Jahren schon zu Königen gekrönet worden. Das letztere hat in so fern seine Richtigkeit, so fern wirklich, wie bekannt genug ist, Papst Stephan der Zwente zu Paris 654. da er den Pipin aufs neue gesalbet, auch mit seinen zween Söhnen, wie mit seiner Gemahlin, gleiche Ceremonie vorgenommen hat. Allein der Geschichtskundige

M 3 kann

───────────────

(*) Beyspiele S. in gedachter Sammlung. Tom. II. S. 39. 45. 48. Beym Mabillon de re diplomatica. S. 494.
(**) S. 3.

kann sattsam wissen, daß diese Handlung keine Mitherrschaft zur Folge hatte. Ueberhaupt blieb Pipin bis auf seinen Tod, Selbst- und Alleinherrscher; nur daß er seinen beeden Söhnen in ihrer Jugend noch, zur Vorübung auf künftige vollkommene Herrschaft, dem Karl in Neustrien, dem Karlmann in Austrasien, einige Strecken zu regieren übertrug. Alemannien hat zu Austrasien gehört, das ist aus der Geographie dieses Zeitalters gewiß. Und da müßte, wenn nun je über dasselbe ein Sohn Pipins, bey des Vaters Lebzeiten geherrschet hätte, es nicht Karl, sondern Karlomann seyn, dem es auch wirklich Pipin, kurz vor seinem Abschiede aus dieser Welt, dessen Nähe ihm seine Schwächlichkeit ahndete, in der feyerlichen Ländertheilung zwischen seinen Söhnen, übergab. Der Stiftungsbrief sagt: regnante Carolo glorioso Romanorum Imperatore. Das soll schon vom Jahre 764. gelten. Man weiß doch, daß Karl der Große den kaiserlichen Titul erst im Jahre 800., also 36 Jahre nach diesem Zeitpunkt, angenommen hat. Diese Zeit bezeichnet Eginhard so deutlich (*),

daß

(*) Eginhardi vita Caroli M. die Franzens Historiæ Caroli M. mit Böklers Vorrede zu Strasburg 1644. in 4. gedruckt, beygefügt ist S. 114.

daß kein Zweifel übrig bleibt. Ultimi, schreibt er, adventus sui (Romæ) non solum hæ fuere causæ, verum etiam, quod Romani Leonem, multis affectum injuriis, erutis videlicet oculis, linguaque computata, fidem regis implorare compulerunt. Idcirco Romam veniens propter reparandum qui nimis conturbatus erat ecclesiæ statum, ibi totum hyemis tempus protraxit. Quo tempore Imperatoris & Augusti nomen accepit. Man vergleiche die Geschichte Karls, und des Papstes Leo des Dritten, und was die besten, gültigsten, ältesten Scribenten davon geschrieben haben, man wird zu der Begebenheit, die hier Eginhard erzählet, keine andere Zeit finden, als das Jahr 800. Auch die Clauseln in Karls Diplomen setzen keine andere, als die berührte Zeit seines Kaiserthums veste. Das ist eine allen Kennern der Reichshistorie ganz bekannte Sache.

Und wer ist denn Sylach? Im Fundations-Diplom nennt er sich selbst einen Edlen, und sehr Mächtigen in Alemannien. Grafen vom Ilergow dieses Zeitpunkts, wozu ihn der Ottobeurische Chronographe macht, kennt überhaupt die wahre, erprobte und unbezweifelte Geschichte, nicht; geschweige denn,

einen

einen dieses Namens. So viel wissen wir, bey
der großen Dunkelheit, in die die Geographie dieses
Zeitalters verhüllet ist, daß Jlergow ein kleiner
Distrikt, oder Gow in dem größern Albigow,
oder Algow, gewesen, wie denn ein größer Gow
mehrere kleinere in sich enthielt (*). In diesem
nun kann Sylach, ein vornehmer Alemannier,
Besitzungen gehabt haben.

Allein, was ein Lazius, Bruschius, und
aus ihnen Crusius von ihm erzählen, das ist ganz
gewiß fabelhaft, und völlig unerwiesen. Und nur
auf diese gründet der neue Ottobeurische Chrono=
graphe seine Angaben. Alle drey haben alles un=
geprüft angenommen, und zusammengestoppelt,
was sie nur von Geschichten und Erzählungen auf=
treiben konnten. Alle drey sind unzählichemal
durch aufgefundene, und ihnen ertheilte Nach=
richten, betrogen worden. Brusch hat sich zwar
viele saure Mühe gemacht, seine chronologia
monasteriorum Germaniæ zu Stande zu brin=
gen. Allein, es war sehr viele undankbare Mühe,
die der ächten Geschichte, und ihren Freunden,
nicht viele vortheilhafte Dienste leistete. Er durch=
wanderte Teutschland, und bereiste seine Klöster,
um den Stoff zu seinem Werke zu sammeln.

Das

(*) Chron. Gottw. S. 529.

Das wäre denn schon ein nicht unsicherer Weg, zu seinem Zwecke zu kommen, gewesen. Aber ihn hätte ein weniger leichtgläubiger Mann, ein Mann gründlicher in der Kritik geübet, als Brusch war, betreten müssen. Und ich setze hinzu, in einem andern, der richtigern Beurtheilung alter Erzählungen und Urkunden günstigern Zeitpunkt. Er nahm alles für baare und gangbare Münze an, was man ihm in Klöstern vorlegte, Erzählungen und Urkunden, sie mochten beschaffen seyn, wie sie wollten (*), und so theilte er sie ohne alle Prüfung dem gelehrten Publikum mit. Lazius ist nicht besser in seinen historischen Schriften zu Werke gegangen, so viele Reisen, Durchsuchung der Bibliotheken, auch der Archive, und so mühseligen Fleiß er auf das Sammeln gewendet hat. Auch er nahm, was er nur antraf, mit, und gebrauchte es ohne alle Beurtheilungskraft. Daher findet man bey ihm so viele Fabeln und Widersprüche. Ein Mann, der in seinem eigenen Hause so unsichere Schritte thut, als Lazius in

───────────────

(*) Bruschius nihil in suo de monasteriis opere refert, præter ea quæ in singulis monasteriis, dum per Germaniam vagaretur, accepit, sagt Conring in Censura dipl. Lindaviensis. Helmst. 1672. 4. S. 66. 161.

der Geschichte Wiens, seiner Vaterstadt, wo er noch überdieß geraume Zeit einer der vornehmsten akademischen Lehrer war, gethan hat, wird wohl in fremden Gegenden noch unrichtiger fortwandern. Das ist wenigstens gewiß, daß sein Werk de aliquot gentium migrationibus, sedibus fixis, &c. wo man die Nachricht vom Sylach findet, ein possirlicher Guckkasten, voll Abentheuer, Fabeln und Albercheiten ist. Und entschieden ist zwar des gelehrten, fleißigen, und mühsam sammelnden Crusius historischer Kredit, aber gewiß nicht zu seinem Vortheile. Er hat, wie die zween vorhergenannte, alles zusammen geklaubet, was er nur hat auffinden können. Er hats in seine Chronik ohne alle Ueberlegung und Prüfung eingetragen. Und wer war denn bey der Angabe von der hier die Rede ist, sein Gewährsmann? Der armselige und leichtgläubige Brusch. Ein Schriftsteller seiner Zeit, dem er auch den Ottobeurischen Stiftungs- und Bestätigungsbrief abgeborget hat. Und auf solche Gewährsmänner bezieht sich der Ottobeurische Chronographe. Die sind in der Geschichte nicht mehr, als eine verlohrne Schildwach.

Diese Erinnerungen gehen zwar nicht wider den Stiftungsbrief selbst. Denn in demselben
nennt

nennt sich Schlath weder einen Grafen, noch insbesondere einen Grafen von Jlergau, sondern bloß einen edlen und reichen Alemannier. Aber der Ottobeurische Geschichtschreiber, geführt durch so unsichere Zeugen, hat bey Erzählung der Stiftung ihn zu einem Grafen von Jlergau gemacht, und damit mir zu dieser Ausschweifung Gelegenheit gegeben.

Die Bestätigungsurkunde ist auch schon mehrmalen im Drucke erschienen. Beym Brusch, aus dem sie Conring und Petri vorlegen; beym Mager, in seinem unschätzbaren Werke de advocatia armata, dem Tenzel folgt. Auch bey dem neuen Ottobeurischen Chronographen liest man sie ganz. Ueberall findet man im Texte einigen Unterschied, der aber nicht sonderlich bedeutend ist; ausgenommen, daß bey einigen: nos in non verwandelt, nach den Worten: Item placuit providentiæ nostræ in Totonis præfati abbatis, die ganze Stelle: suorumque successorum & fratrum monachorum hoc perpetualiter, ausgelassen, und die Jahrzahl entweder mit Ziffern, oder wörtlich, und nicht mit römischen Zahlbuchstaben, ausgedruckt ist. Ich finde mich aus gleichen Gründen, um welcher Willen ich den Stiftungsbrief ganz hier ein-

eingerückt habe, berechtiget, ein gleiches mit dem Beſtätigungsbrief zu thun, und folge hier abermal dem Texte des Ottobeurischen Chronographen. Allein auch hier gilt was ich vom Stiftungsbriefe geſaget habe, und zwar aus gleichen Gründen. Die Abschrift ist gewiß nicht aus dem Original, wenn je eines vorhanden geweſen, genommen.

In nomine Dei Patris omnipotentis, & filii, & ſpiritus ſancti.

Carolus a Deo ordinatus, Auguſtus, Magnus, Pacificus, Rex Francorum, Imperator Romanorum, Gubernans Imperium. Quoniam principem, ac defenſorem Eccleſiarum Nos fecit Dominus, ne ejus ingrati eſſe videamur munificentiæ, ſervitium ejus augmentare, eccleſias multiplicare ſuper incœptis, & conſtruſtis bene ac opportune, ne poſthac deſtituantur, poteſtati regali convenit tuitionem impertiri. Unde quidquid ad loca ſanctorum damus, vel concedimus, hoc nobis ad mercedis augmentum, vel ſtabilitatem regni noſtri pertinere confidimus.

Quapropter notum ſit omnibus principibus noſtris, & fidelibus qualiter Nos ad petitiotitionem dilectiffimæ conjugis noftræ Hildegardæ, illuftris reginæ, abbatem, nomine Totonem, ex Monafterio, quod vocatur Uttenbura, cella nova, cum hominibus una, & rebus ipfius Monafterii fub noftro Mundiburdio, & defenfione, propter illicitas malorum hominum infeftationes accepimus, & retinemus. Igitur a præfenti die coram Principibus noftris decernimus, atque præcipiendo præcipimus, ut nulli de majoribus, atque minoribus liceat prædicto abbati, aut hominibus ipfius monafterii tam ingenuis, quam fervientibus, vel in rebus, quæ ad ipfam cafam Dei legitime afpicere videntur, inquietare, aut calumniam facere præfumat, fed ficut diximus, liceat eum una cum jam præfato monafterio fub noftra tuitione quietum vivere, ac refidere. Ac fi aliquæ caufæ adverfus eum, aut homines ipfius monafterii furrexerint, quas infra pagum cum fidelibus fuis definire non potuerint, in præfentiam noftram referventur.

Et ut omni regno noftro, & fidelibus noftris pateat, Nos præfatum locum, non avaritiæ vel quæftus, fed pro amore Dei,
&

& animæ falute, ac defenfionis caufa in noftram poteftatem fufcepiffe: hinc a præfenti die & deinceps fratribus ejusdem monafterii, auctoritate noftra damus hanc licentiam, & concedimus, ut poft difceffum Totonis abbatis poteftatem habeant inter fe eligendi abbatem, quem meliorem fecundum regulam S. Benedicti, & aptiorem noftro fervitio potuerint, Nobisque, ac fuccefforibus noftris præfentetur, quatenus regia fublimetur authoritate, & confirmetur. Inveftitum fiquidem per Nos, liberum hunc ab omni exactione Curiali, vel munere permittimus abire: confecrationem fui, monachorumque concedentes, ubi a religiofis duntaxat epifcopis intra provinciam ordinari poterunt, liberrimam habere. Amplius præfenti fane Abbati, ejus fuccefforibus Monachis ac hominibus, & negotiatoribus præfati monafterii, quia noftra authoritate frequentia populi ad Reliquias facras venientis inibi ftatuimus, hanc libertatis gratiam concedimus, ut ubicumque in regno noftro ad negotiandum perrexerint, five in civitates, vel in oppida, feu pontem navesque petant, five venientes, five re:

deun-

deuntes, fine exactione telonei cum pace fecuri tranfeant, & pergant.

Item placuit providentiæ noftræ, in Totonis præfati Abbatis fuorumque fucceſſorum, & fratrum Monachorum hoc perpetualiter poteftate ponere, ut fapientum ufi confiliis, ex his, quos inter potentes fæculi noverint effe æquitatis, & fidelitatis amatores, eligant fuis competenter locis advocatos, & defenfores, fi opus habueiint: fin vero, Nos, noftrosque Succeffores juftiſſimos, & certiffimos defenfores habeant. Sed nullus hominum fibi hanc poteftatem præfumat vendicare; vel quafi hereditariam, aut aliquo jure debitam invadere, nifi quem Abbatis & Monachorum confulta approbatiora velint admittere, eo tamen tenore, ut poft fidelitatem regio jure Nobis, noftrisque fuccefforibus Abbati tria juret Sacramenta.

Primum, quod fecundum poffe, & noffe, juftus, & utilis advocatus in homines, & res prædicti monafterii exiftat. Secundum, quod, quidquid placitando acquifierit, id eft, injuria bonorum, vel fatisfactio-

ne

ne temeritatum, tertia fibi parte retenta, duas reddat Abbati, & nullum advocatum, vel exaftorem præter fe, nifi Abbatis permiffione conftituat. Tertium, quod nihil privati muneris, vel fervitii a quolibet loco, five curte, feu a villicis, vel a cellerariis, quafi ex debito, & ftatuto jure exigat, ac manfiones, vel pernoctationes ufpiam frequentare caveat. Ad unumquemque locum, quem Abbas ad placitandum ordinaverit, cum duodecim equis, & totidem viris advocatus femel tantum in anno adveniat, nifi pro aliqua neceffitate ab Abbate fæpius advocetur, ac tunc pro loci qualitate ab Abbate honefte fufcipiatur, & procuretur. Infra autem locum monafterii nullum placitum nifi rogatu, & voluntate Abbatis unquam ftatuat. Nullum de militari familia fine jufta fociorum fuorum deliberatione damnet, vel aliqua injuria coërceat, & offendat, qui militares, vel alio nomine minifteriales optimo jure perfruantur, quo Fuldenfes, vel Augienfes potiuntur. Amplius nullum domus fervientem fine confenfu Abbatis ad judicium, vel ad damnum cogat. Quando autem hujus commiffi, vel

in

in homines, vel in res, quod vulgo Ballmund dicitur, extiterit, ſtatim, ſine mora, & ſine præjudicio, niſi cito reſipuerit, advocatia cum omnibus commodis ſine ſpe recuperationis carebit. Et ut hæc firmius credantur, & diligentius conſerventur, manu propria ſubter firmavimus, & annulo noſtro inſigniri juſſimus.

Ego Luitpertus Archi - Capellanus recognovi & ſubſcripſi.

Data anno Incarnationis D o m i n i D.C.CLXIX Actum Moguntiae in Pentecoſte, in Dei nomine feliciter. Amen.

Man hat ſchon längſtens mit ſtatthaften Gründen, dieſe Urkunde unter die unächten verwieſen. Conring (*) und Tenzel (**) haben mit Meiſterkenntniß gezeiget, daß ihr das Anſehen und der Werth einer ächten Urkunde nicht gebühre. Ich werde dieſer würdigen Männer Gründe zwar wiederholen, aber nicht bloß wiederholen, ſondern durch Beſtätigungen ihrer Grundſätze, die nicht unbedeutend ſind, erweitern, und noch mehre-

―――――――――――――――――
(*) Cenſura dipl. Lind. S. 310.
(**) Hiſtoricae Vindiciae Append. S. 75. ff.

mehrere Beweise hinzusetzen, an welche dieselbe nicht gedacht haben.

Vorher muß ich noch etwas erinnern, das mir nicht ganz unwichtig scheint. Khamm (*), der seine Nachrichten aus dem Kloster Ottobeuren selbst erhalten hat, der sonst nicht karg in der Vorlegung der Urkunde ist, hat diese Urkunde nicht. Er erzählet bloß ihren Hauptinhalt. Sind etwa, ich frage bloß, die Herren Ottobeurer durch die Conringische und Tenzelische Rügen, damals behutsamer gemacht worden, daß sie dem fleißigen Khamm nicht den ganzen Text mittheilten, oder wenigstens nicht den ganzen Text dem Publikum vorlegen ließen? (**) So behutsam waren sie aber nicht in Rücksicht auf eine andere angebliche Urkunde des großen Karls. Ich setze immer voraus, und ich werde mich schwerlich irren, daß Khamm von Ottobeuren selbst seine Nachrichten erhalten habe. Er rückt folgendes Diplom ein. (***)

Ego Carolus Dei gratia Romanorum Imperator die praesenti ad praefatum mo-
naste-

(*) Hierarchia Aug. Pars III. reg. S. 326.
(**) Ebendaselbst.
(***) Unten wird ein einheimisches Zeugniß lehren, wie diese Frage richtig könne beantwortet werden.

nasterium, per manus Gauciberti Episcopi, & Tottonis Abbatis fratris ejusdem, ex mea proprietate viros duodecim cum vxoribus & liberis, ac tota possessione sua, pro animæ meæ salute, Deo & S. Martyri Alexandro, sicuti ex hæreditario jure possideo, trado, nihilominus & transfundo, ea scilicet conditione, ut ex his, qui obierint, optimum tantum bonum, quod in mobilibus rebus habuerint, Abbati & fratribus præfati loci, detur, cætera hæredibus. Si vero absque hæredibus obierint, prædia, vel quidquid habuerint, hæreditario jure ad monasterium publicetur.

Item omnem decimam ex debito Regali, quidquid de pago Hilergowe de quibuscunque debitis aut frædis omni tempore exigitur, quod noftri juris est, ad præfatum sanctum locum concedimus, & confirmamus, ut cum Dei gratia & nostra Eleemosina, ibidem nostris temporibus, & futuris in augmentum Dei servituris proficiat. Quæ etiam cum omni integritate suspiciatur. &c.

Weiter geht Khamms Text nicht. Es fehlt
also die Unterschrift, und die Zeitbezeichnung,
die vielleicht, wenn wir sie vor Augen hätten,
zu manchen Bemerkungen über den Werth dieser
Urkunde Anlaß geben würden. Nur über das,
was wir sehen, können wir uns einlassen.

Da ist denn gleich der Anfang ausnehmend
auffallend. Das Fürwort: Ego, ist wohl in
Privatschenkungsbriefen, und andern Privat=
urkunden in den frühesten Zeiten, ganz gewöhn=
lich, davon man beym Mabillon, Goldast,
Falkenstein, in den monumentis Boicis und
andern Sammlungen, unläugbare Beyspiele
genug antrift. Aber erwiesen ist's, daß dieß
bey Königlichen und Kayserlichen Urkunden
durchaus nicht statt findet. Von der Ueber=
schrift ist nur die Rede, denn im Texte selbst und
in der Unterschrift findet man davon einige aber
nur sehr wenige Beyspiele (*). Erst im neun=
ten Jahrhundert fiengen einige Fränkische Herr=
scher an, dieses Fürwort ihren Namen vorzuse=
tzen (**) Mabillon fand unter den Karolingern
davon

(*) Siehe neues Lehrgebäude der Diplomatik 9. Th.
S. 579.
(**) Ebendaselbst.

davon nicht die geringste Spur (*) und unter den deutschen Kaisern stellt das Chronicon Gottwicense (**) Otto den Zweyten, als den ersten auf, der sich so dieser Formel bedienet hat.

Das Confirmations-Diplom ist nach seiner eigenen Angabe am Pfingstfest 769. gegeben. Was hatte denn damals Karl der Große für ein Recht in Alemannien? Dieses stund ja unter der Herrschaft seines Bruders Karlmanns. Denn obgleich Pipin in der Erbtheilung seiner Länder, vor seinem Tode, dem ältern Sohne Karl Austrasien zuerkannte, und Alemannien zu diesem Königreiche gehörte, so war es doch, wie Elsaß, hier ausgenommen, und wurde nach dem väterlichen Willen und Testamente ein Erbtheil des jüngern Sohnes Karlmanns. Das ist eine ausgemachte, und dem Kenner der Geschichte sattsam bekannte Sache, die hier keines eigenen Beweises bedarf. Nur auf einige Alemannische Schenkungsbriefe, die unterzeichnet sind regnante Carolomanno Rege, will ich unten hinweisen (***). Erst nach dem Tode

---

(*) De re diplomatica. S. 88.
(**) S. 196.
(***) S. Goldast schon angeführte Sammlung Tom. II. P. I. S. 26. 39. 40. 46.

Karlmanns, der sich nach der richtigsten Angabe im Anfange des Decembers 771 ereignete, erhielt Karl alle hinterlaßene Länder seines Bruders, und wurde also auch Herr von Alemannien. Selbst diejenigen, die dem Karl die Beherrschung der von seinem Bruder überlaßenen Länder übertrugen, waren Alemannier, oder besaßen in Alemannien angesehene Allodien. Selbst Fulrad, Bischof zu St. Denys, der unter diesen Großen die Hauptperson spielte, war in Alemannien gebohren, und hatte in demselben, zumal im Elsaß, in der Mortenau und im Breißgau die ansehnlichsten Besitzungen, wie sein 778 errichtetes Testament, (*) und andere Urkunden beweisen (**).

Und so auch Warin, Abelhard und andere. (***)

Wenn nun zu der Zeit, wie der Confirmationsbrief angiebt, nicht Karl, sondern Karlmann

---

(*) Es steht in Mabillonii actis SS. Ord. Benedictini. Sec. III. P. II. S. 341. und aus demselben in Originibus Guelficis Tom. I. S. 225. f.
(**) Beym Mabillon de arte dipl. S. 494. f.
(***) Vita Caroli M. in Pithœi annalium & historiæ Francorum scriptoribus XII. Zweyte Ausgabe Francof. 1594. S. 237.

mann, Herr von Alemannien war, wie konnte der erstere eine Schenkung in einem Lande, und von Gütern eines Landes, das nicht unter seiner Herrschaft stund, mit Rechte bestätigen? Ich werde hier ohne Zweifel mit Bestand der Wahrheit, auf die Karolinische Bestätigungsurkunde anwenden können, was Heider (*), sein Gegner Wagneret, und Heiders Vertheidiger Conring (**) anführen, um zu beweisen, daß das bekannte Lindauische Diplom Ludwig dem Deutschen nicht zugehöre, da es eine ausgemachte Sache ist, daß solche Bestätigungen nur dem Oberherrn zukommen.

Aber gesetzt, nicht zugegeben, im Jahre 769. habe Alemannien zur Herrschaft Karl des Grossen schon gehört, so schicken sich doch ganz gewiß die Titel, die man Karln im Confirmationsdiplom sich geben läßt, nicht in diese Zeiten. Carolus a Deo ordinatus, Augustus, Magnus, Pacificus, Imperator Romanorum, Gubernans Imperium, heißt er.

Freylich

(*) Gründliche Ausführung der Reichsstadt Lindau rc. S. 714. 859.
(**) Conring Censura diplomatis Lindaviensis p. 67. f.

Freylich sind von Karl dem Großen Diplome mit solchen prächtigen Titeln vorhanden. Allein sie sind notorisch aus spätern Zeiten, aus Zeiten, in welchen Karl wirklich diese Titel führen konnte; alle nach dem Jahre 800. Man muß überhaupt bey den Titeln dieses Herrn die Zeiten genau unterscheiden, wenn man nicht soll durch erdichtete Urkunden verführt werden. Mabillon (*) und aus ihm Heumann und viele andere Diplomatiker, bemerken mit Recht drey Epochen der Regierung Karl des Großen. Die erste vom Anfang seiner Regierung über die Franken 768, biß zu Anfang seines Langobardischen Reiches. In dieser Zeit brauchte Karl wie sein Bruder Karlmann, und wie ihr Vater Pipin, den Titel: Gratia Dei Rex Francorum Vir inluster. Die andere Epoche geht von 774. biß auf Karls Krönung zum Römischen Kaiser im Jahre 800. Wir finden in desselben Urkunden aus dieser Zeit: Carolus Gratia Dei Rex Francorum & Langobardorum atque Patriti-

---

(*) De re diplomatica. S. 72. und 194. Supplem. S. 41. Auch der Pater Germon, der Gegner des Mabillon nimmt diese drey Epochen an. S. disceptatio de veteribus regum Francorum diplomatibus, Part. I. S. 260.

tritius Romanorum. Die letzte Epoche gehet von der im Jahre 800. erhaltenen Kaiserwürde an, biß auf das Lebensende dieses mächtigen Fürstens. Die Urkunden dieser Zeit prangen mit den prächtigen Titeln: Carolus Serenissimus, Augustus, a Deo coronatus, Magnus, pacificus, Imperator, Romanorum gubernans imperium, qui & per misericordiam Dei Rex Francorum & Langobardorum. Der Geschichtskundige weiß, daß der öffentliche Glückszuruf des Römischen Volkes, bey seiner Krönung durch Leo den dritten, zu dieser Formel Anlaß gegeben habe. (*) Aber der Diplomatiker weiß auch, daß Karl in seinen Urkunden eben nicht alle prächtige Titel dieses Zurufs sich selbsten zugeeignet habe. Das ist doch fast ganz ungezweifelt ausgemacht von dem eignen Gebrauch des Wortes Magnus, das ausser diesem Zurufe bey seinem Leben, weder von ihm selbsten, noch von andern seinem Namen beygelegt worden. (**) Daher die Diplo-

men,

(*) Neues Lehrgebäude der Diplomatik, 8. Th. S. 360. (y) Mabillon de arte diplom. S. 72.

(**) Blondelli Genealogiæ Franciæ plenior assertio &c. Tom. I. seu præfatio apologetica, Bogen LXXVIII. Blatt 4. S. a. Die Signatur

men, die ihm zugeschrieben werden, und doch bey seinem Namen dieses Beywort gebrauchen, gewiß sehr verdächtig sind. Ich weiß wohl, in dem neuen Lehrgebäude der Diplomatik, wird der Gebrauch dieser Benennung in Karls Diplomen, nicht nur nicht bezweifelt, sondern unter die richtigen Anfangsformeln der Urkunden dieses Herrn, von der Zeit seiner Krönung an, gezählet (*); allein, quandoque dormitat Homerus. Auch weiß ich, daß Pagius, den ich selbsten unten citirt habe, diese Regel einschränkt, so nämlich, daß er zugiebt, Karl habe das Epitheton Magnus in seinen Diplomen zwar selbst gebraucht, aber nie unmittelbar nach seinem Namen: Karl. Allein es sind zum Unglücke die Urkunden, die hier zum Beweise könnten angeführt werden, aus andern Gründen verdächtig. Und wenn auch unbezweifelte Urkunden Karls mit diesem Beywort vorhanden sind, so gehören sie doch nicht in die Zeit, in der das Ottobeurische Diplom unterzeichnet ist, so wenig als

anders

---

tur dieser Bogen, Blätter und Seitenzahl muß der Leser beym Blondell im ersten Theil, oder der apologetischen Vorrede, unten suchen. Pagii Critica Baroniana Tom. III. S. 479.

(*) U. a. O.

andere angebliche Diplomen dieses großen Monarchen, die mit den übrigen in der Ottobeurischen Aufschrift angegebenen Titeln versehen sind. Imperator hat er sich gewiß vor seiner Römischen Krönung, selbst nicht genannt, wenn gleich dieser Titel ihm vor derselben von Mönchen und andern aus Unwissenheit, Nachläßigkeit, oder Schmeicheley in Schenkungs- und andern Urkunden beygelegt werden, davon man beym Mabillon, und in den Traditionibus Laurisheimensibus, daß ich mich nur auf ein paar Zeugen beziehe, Beyspiele findet. In der Zeit, in der das Ottobeurische Bestätigungsdiplom unterzeichnet ist, schicken sich ganz gewiß keine andere Titel, als die einfache: Gratia Dei, Rex Francorum Vir inluster, oder Vir illustris, wovon man sich leichte durch die Einsicht anderer ächter Diplomen dieses Herrn, aus diesem Zeitpunkte, überzeugen kann (*).

Auch die Anrufungsformel in nomine Dei patris omnipotentis & filii & spiritus sancti

---

(*) Man sehe zum Beweise codicem Laurisheimensem die neue Mannheimische Ausgabe P. 2. S. 9. 10. 13. 15. 19. Schannat Diœcef. & Hierarch. Fuldens. Prob. S. 230. Neues Lehrgeb. der Diplom. 5. Th. Tab. 67.

sancti macht das Ottobeurische Diplom verdächtig. Denn einmal ist's gewiß, daß Karl der Große die Formel in nomine patris, filii & spiritus sancti, erst seit seiner Erlangung der Kaiserwürde eingeführet habe. Und denn ist Dei und omnipotentis, ein offenbarer, völlig ungewöhnlicher Zusatz. Wenigstens vor dem K. Otto dem Großen finden sich keine ungezweifelt richtige Diplome mit der Anrufung: Dei omnipotentis. Von Diplomen ist die Rede, nicht von Briefen und Kapitularien. In jenen sind die Formeln Karls mehr bestimmt, und nach den oben bemerkten Epochen, gleichförmig, als in diesen. (*)

Die Unterzeichnung des Diploms reicht einen reichen Stof zu Bemerkungen dar, die bey einem jeden Kenner gegen seine Richtigkeit schwere Zweifel erregen werden. Davon will ich nicht sagen, daß hier anulus, nicht anulus, wie damals durchaus dieses Wort geschrieben wurde, stehet. Denn dieses könnte, wie mehrere Abweichungen von der damaligen Orthographie, ein bloßer Fehler des Kopisten seyn.

Aber

(*) Mabillon de re diplom. S. 74. Neues Lehrgebäude der Diplomatik 8. Th. S. 345.

Aber das Ego Luitpertus Archi-Capellanus recognovi & subscripsi, hat mehr zu bedeuten. Das will ich eben nicht behaupten, wie es Tenzel (*) und andere gethan haben, daß Luitpert gar nicht in die Reihe der Kanzler oder Erzkanzler Karls des Großen gehöre. Lanov (**) und Mabillon (***) haben ihn zwar, ob sie gleich sehr genaue Verzeichnisse dieser Männer gesammelt haben, nicht in denselben aufgenommen. Auch Mallinkrot (****) stellt ihn so auf, daß man sieht, er seye selbst nicht gewiß: ob er hieher gehöre? Und er bezieht sich noch überdieß auf eine ad vicem Luiberti unterzeichnete Urkunde, die sonder allen Zweifel unterschoben ist. Und du Fresne (*****) kennt ihn nur aus dem Brusch, und aus der von demselben publi-

zirten

(*) In vindiciis. S. 18.

(**) Lanovius de referendariis & cancellariis Franciæ &c. in Wenkers collectis Archivi & Cancellariæ juribus S. 743.

(***) De re diplom. S. 118. (und beym Wenker S. 762.)

(****) De Archicancellariis S. Romani Imperii beym Wenker S. 226.

(*****) Glossarium mediæ & infimæ latinitatis. Francof. ad M. 1681. fol. S. 787. beym Wenker S. 605.

zirten Ottobeurischen Urkunde, von der hier die Rede ist. Dieß alles aber ist nicht hinreichend, ihn ganz aus dieser Reihe wegzustreichen. Denn sowohl beym Schannat, als auch im Codice Laurisheimensi kommen Diplome von unbescholtener Aechtheit vor, die er unterzeichnet hat. Allein in die Zeit, in der das Ottobeurische Bestätigungsdiplom gegeben, und unterzeichnet seyn soll, gehöret dieser Mann, als Erzkanzler, ganz gewiß nicht. Hither, Abt zu St. Martin in Tours, der schon unter dem Pipin zuerst als Notar, und zuletzt als Kanzler sich mit den königlichen Diplomen beschäftiget, und sie unterzeichnet hat, kommt in dieser Zeit nicht nur in unverdächtigen Urkunden, sondern auch in glaubwürdigen Geschichtschreibern vor.

Conring (*) bestreitet die Aechtheit der Urkunde aus gleichem Grunde, weil zu der Zeit der Unterzeichnung Luitpert das Erzkanzleramt bey Karln nicht verwaltet habe. Aber er setzt an des Luitperts, oder vielmehr an des damaligen Erzkanzlers Hithers Stelle, einen Bartholomäus, und bezieht sich auf die Nachricht

eines

(*) Censura S. 311.

eines gleichzeitigen Biographen Karls des Großen. Aber Tenzel hat schon bemerket (*), daß sich Conring hier geirrt habe. Denn bey jenem alten Biographen, ist nicht von der Unterzeichnung des Diploms, sondern von der Schreibung der ganzen Urkunde, die Rede, welches letztere Geschäfte ein Notar verrichtete. Ich setze hinzu, daß bey dem alten Lebensbeschreiber, Bartholomäus nicht, wie Conring aus dem Mabillon seine Stelle anführt, Archicapellanus heiße, sondern schlechtweg Cancellarius (**), welches aber freylich mit der Benennung: Erzkanzler, gleiche Bedeutung hat. Ich weiß wohl, alle schon oben benannte Verzeichnisse, zu denen ich noch die Verfasser des neuen Lehrgebäudes der Diplomatik zählen kann, setzen den Bartholomäus in die Reihe der Kanzler des K. Karls des Großen. Allein, alle nur auf das Ansehen des Mönchen von Angouleme, alle nur mit Beziehung auf die Urkunde für das Kloster des heiligen Eparchs zu Angouleme im Jahr 768, das nicht mehr vorhanden ist, von dem nur so viel gewiß ist,

---

(*) Vindiciæ. Appendix S. 76.
(**) Monachi Egolismensis vita Caroli Magni in annalium & historiæ Francorum — scriptoribus coætaniis XII. ex Bibliotheca P. Pithœi editis, S. 236.

ist, daß es Bartholomäus geschrieben habe, und bey dessen Erwähnung der Mönch zu Angouleme den Unterzeichner nicht nennte. Bartholomäus steht also in dieser Reihe immer nicht mit unbezweifelter Gewißheit, dahingegen um diese Zeit, und noch einige Jahre weiter herab, Hitzher als Unterschreiber unbezweifelter Diplomen erscheint.

Im Ottenbeurischen Bestätigungsdokumente fehlet Karls Unterschrift und Zeichen, das gegen seine ächte Richtigkeit keinen geringen Zweifel erregen wird, oder doch wenigstens beweißt, daß, wenn je ein ächtes Original davon vorhanden gewesen, diese Abschrift nicht nach demselben genommen seye. Auch sind die Jahre der Regierung, und der Indiktion hier nicht zu finden. Annos regnorum & imperii habe ich bey allen ächten Diplomen Karls des Grossen, die ich gesehen habe, angetroffen. Und der Diplomatiker weiß, daß die Anzeige der Regierungsjahre in alten Urkunden dieser Art, weit älter ist, als andere chronologische Bemerkungen, und daß sie, schon bey den Fränkischen Königen vom ersten Stamme, immer statt gefunden habe. Mit der Indiktions-Anzeige hat es freylich eine andere Bewandniß. Sie kommt in

Urkun-

Urkunden Karls des Großen, vor seiner Erlaugung der Kaiserwürde, vor, aber sie fehlt auch in dergleichen. Denn sie zu bemerken wurde erst vom Jahre 801 an allgemeine und beständige Gewohnheit, wie Papebroch (*) bemerket, und Mabillon (**) diese Bemerkung bestätiget hat. Hiezu kommt noch, daß die Bemerkung anni incarnationis Christi, die wir im Ottobeirischen Diplom lesen, in den Karolingischen Urkunden nicht oft vorkommt. Doch aus diesem Umstande allein würde man nichts gegen die Gültigkeit eines Diploms schließen können. Denn, wenn gleich Blondell behauptet, nulla Francorum monumenta tota Pipini, Caroli M. Ludovici pii, & filiorum ætate Christi annis, quod postea in more positum, consignata reperiri, si forte synodica excipias; so hat man doch verschiedene Diplome, nicht nur Karls des Großen, sondern von noch frühern Zeiten, in welchen anni incarnationis angezeiget werden.

(*) Propylæum antiquarium circa veri & falsi discrimen in vet. membranis, in Baringii clav. diplomatica neuere Ausgabe S. 249.
(**) De re dipl. S. 190.

Lory bemerkt, daß in dem Stiftungsbrief des Klosters Monsee 748, die christliche Zeitrechnung vorkomme. (*) Meichelbeck liefert zwo Bayerische Urkunden, eine vom Jahre 758, die andere vom Jahre 765, mit gleicher Zeitrechnung, und zugleich mit der Indiktionsbemerkung (**). Montfaucon hat nach seiner Angabe ein noch früheres Dokument mit der christlichen Zeitrechnung, nämlich vom Anfange des achten Jahrhunderts bekannt gemacht (***); und Schaten und Mabillon theilen verschiedene, und ganz ungezweifelte Diplome Karls des Großen, mit dieser Zeitrechnung mit. Aber im Ottenbeurischen Confirmationsdiplom ist annus incarnationis allein bemerkt, und das Regierungsjahr weggelassen. Und das scheint für dasselbe kein günstiges Urtheil zu erwecken. Das Pfingstfest wird als die Zeit, und Maynz als der Ort der Ertheilung, des Bestätigungsdiploms angegeben. Conring und Tenzel haben bemerkt, daß dieß mit der erprobten Geschichte Karls

---

(*) Chronologischer Auszug der Geschichte von Bayern 1. Th. S. 111.
(**) Historiæ Frilingensis Tom. 2. p. 2. S. 58. part. 11 instrumentaria S. 52. f.
(***) Diarium Italicum S. 64. f.

Karls des Großen, und seinen Beschäftigungen selbiger Zeit nicht übereinstimme, da er damals nicht in Maynz war, sondern in Aquitanien, im Kriege mit dem Herzog Hunold, begriffen.

Wenn hier nur von der Ausfertigung des Diploms die Rede wäre, so hätte der Einwurf wenig zu bedeuten; denn man hat Beyspiele von Ausfertigungen an Orten, an denen die Ertheiler der Diplomen nicht gegenwärtig waren, auch nicht gegenwärtig seyn konnten. (*) Allein es wird auch der eigentlichen Ertheilung gedacht. Actum Moguntiæ in Pentecoste. &c. Die konnte nun, nach schon berührten Umständen, um diese Zeit von Karl dem Großen zu Maynz unmöglich geschehen seyn.

Man ließt noch andere Ausdrücke in dieser Urkunde, die der Zeit, in der sie soll ausgestellet seyn, ganz und gar nicht gemäß sind. Coram principibus nostris decernimus sagt Karl in derselben. Wenn nun gleich in Schriftstellern selbiger Zeiten der principum imperii gedacht wird, so ist es doch gewiß, daß dieser Titel in keinem Diplom, vor Heinrich dem Vogler gegeben,

---

(*) S. zum B. neues Lehrgeb. der Diplomatik 9. Th. S. 177. 204.

geben, vorkommt. Diese Behauptung, die Papebroch zuerst vorgebracht hat, ist von dem tiefforschenden Verfasser des Chronici Gottwicensis aufs gründlichste ausser allen Zweifel gesetzet worden (*). Und diese muß man nun aus ungezweifelten Gründen, und mit unverdächtigen Beyspielen umstoßen, wenn man den daher geleiteten Beweiß wider die Aechtheit des Ottobeurischen Diploms, entkräften will. Fideles nostros findet man wohl in Karls Diplomen. Aber nirgends principes nostros.

Nichts verräth die Unrichtigkeit dieses Bestätigungsbriefs mehr, als das darinn vorkommende Andenken, der Hildegard, Gemahlin Karls des Großen. Erwiesen ists, daß dieser Herr im Jahre 770. sich mit einer Tochter des Langobardischen Königes Desiderius, vermählet, und im folgenden Jahre sich wieder von ihr geschieden habe (**). Und erst nach dieser Trennung wurde im leztgedachten Jahre, also 771, Hildegard seine Gemahlin. Will man Beweise davon haben, so darf man nur des seligen

---

(*) S. 122. f.
(**) Eccardi genuinum stemma Desiderianum VII paragr.

seligen Köhlers Exercitat. Geneal. de familia Augusta Carolingica Tab. III. und die Seite 42. daselbst angeführte Zeugnisse, nachlesen. Crusius hat diese Zeugen auch gekannt, allein das Ottobeurische Diplom war für ihn, zum Beweise seiner Schwachheit, bedeutender, als die übereinstimmende Nachrichten dieser Zeugen; denn er glaubte, daß auf das erstere mehr zu gehen sey, als auf die Leztere (*). Doch was brauchen wir bey der richtigen Bestimmung des Jahres der Vermählung Karls mit der Hildegard, fremde Zeugnisse? Karls eigene Worte setzen die Bestimmung dieser Jahre ausser allen Zweifel. Mabillon (**), und aus ihm noch andere, führen aus einem Diplom dieses Kaisers folgende Unterschrift an: Data Kal. Maji anno XV. & IX regni nostri ab incarnatione autem Christi 789. in die ascensionis Dominicæ; in cuius vigiliis ipsa dulcissima coniux nostra obiit, in anno XII. coniunctionis nostræ. Mabillon hat das Original der Urkunde, davon hier die Unterschrift

ange-

(*) Schwäbische Chronik. I. Th. S. 267.
(**) De re diplomatica. S. 190. Schannats vindiciæ Archivi Fuldens. S. 50. Hahns Reichshistorie I. Th. S. 89. Köhler am a. O. S. 43.

angeführt ist, selbsten gesehen, und sich von seiner unbestreitbaren Aechtheit überzeuget.

Karl nennt im Diplome die Hiltegard illustrem reginam. Mir ist dieser Titel auffallend, und ich zweifle sehr, ob er irgend in einem ächten Diplome dieses Monarchen, von je einer seiner Gemahlinnen gebraucht worden? Auch sind mir die fideles abbatis, deren das Diplom gedenkt, anstößig. Schon Conring hat bemerkt, daß die Gesetze, die in der Urkunde den Schutzvögten, (advocatis) vorgeschrieben werden, für die Zeiten, in denen dieselbe soll ausgefertiget seyn, gar nicht treffend seyen. Ich setze hinzu: Karl beziehet sich bey diesen Vorschriften, auf Fuldaische und Reichenauische Freyheitsbriefe, die schon längstens bey allen Kennern den Werth der Aechtheit verloren haben, und in der Reihe der gewiß unterschobenen Urkunden stehen. Und eben dieser Bezug ist sonder Zweifel, auch ein bedeutender Einwurf wider die Aechtheit des Ottobeurischen Bestätigungsbriefes.

Selbst die Herren Ottobeurer werden nicht die vollkommenste Gewißheit ihrer Stiftungs- und Bestätigungsbriefe haben, da sie sich des
Besi-

Besitzes ihrer Originalien nicht rühmen können. Ich weiß auch zuverläßig, daß schon vor mehr als drittehalbhundert Jahren das Reichsstift Ottobeuren sich nicht getrauet hat, einem vornehmen und geübten Forscher alter Urkunden, dem großen C. Peutinger, diese Dokumente zu genauer Untersuchung zu überlassen, und daß es ihm auch nicht möglich war, die Originalien davon diesem geübten Kritiker mitzutheilen. Denn sie waren im Jahre 1509. gar nicht vorhanden. Noch mehr, damals schon konnten der gelehrte Ottobeurische Abt Leonhard Wiedemann, und der noch gelehrtere Mönch Nik. Ellenbogen, ihr eigenes Mißtrauen gegen diese Stiftungs- und Bestätigungsurkunden nicht verbergen. -

Der Herr Geheime Rath Zapf hat die Briefe, die Peutinger und Ellenbogen hierüber mit einander gewechselt haben, aus meiner Bibliothek nach der eigenen Handschrift des gedachten Ellenbogens, dem Drucke übergeben. Und diese sind die vollkommensten Zeugnisse für die Richtigkeit meiner Behauptung. Man findet sie als Beylagen, am Ende der Zapfischen Ausgabe der Sermonum convivalium C. Peutingeri.

Ich selbst habe in der allgemeinen historischen Bibliothek einige Auszüge aus denselben geliefert, die ich hier wiederholen will, um dem Leser die Zeugnisse, auf die ich mich bezogen habe, sogleich vor Augen zu stellen: der berühmte Peutinger schreibt an Ellenbogen: Quia hiſtoriæ rerum geſtarum nos multum oblectant, Tu curato, ut aliquot abs Te codices vetuſtos, ea ut reſtituantur lege, accipiam, cumque monaſterium Veſtrum Ottenpurhanum ob antiquam eius erectionem apprime veneretur, de nominibus & inſcriptionibus procerum, principum, regum ac cæſarum & de ſalute imperii & regni annis, ut in libris donationum privilegiorumque eiusdem habentur, me certiorem reddas. Hæc hiltoriæ noſtræ Auguſtali, quam de cæſaribus elucubramus accumulatim forte conducent. Und hier iſt Ellenbogens Antwort: Humaniſſime, doctiſſime vir! certo velim Tibi perſuadeas me paratiſſimum fore in omnibus, in quibus Tibi de me optime merito gratificare poſſem, nihilque gravius fero, quam non poſſe Tibi ad nutum ſatisfacere. Attamen ea Te modeſtia & diſcretione indubitato

ſcio,

scio, ut non quantum velis, sed quantum ego possim, perpendas. Accipe igitur vetustatis amator singularis, fragmenta quædam fundationis monasterii Ottinpurani. Hierauf folgt der Anfang des Fundationsbriefs. Und denn fährt Ellenbogen fort: Post combustionem & reædificationem consecrata est ecclesia in honorem beatorum martyrum Alexandri, & Theodori, quorum corpora hic habentur. Totto præterea clericus filius, post admirabilem sacri corporis acquisitionem valefaciens seculo, monachus effectus & in proprio humiliter conversari cœpit monasterio, & post aliquot dies abbas & dominus loci constituitur. Hierauf erzählet Ellenbogen den Anfang und die Zeit verschiedener kaiserlicher Diplomen, und schließt sein Schreiben: Hæc paucula virorum integerrime æquo animo suscipias. Feci equidem, quod potui, etsi non tantum potui, quantum volui. Peutinger war mit dieser Antwort nicht ganz zufrieden. Er sehnete sich nach zuverläßigern Nachrichten von der Stiftung, dem Alter und den Freyheiten des Stiftes Ottobeuren. Er schrieb an Ellenbogen:

Quas ad me dedifti literas legi, Tibique pro vetuftis illis adnotationibus mihi transmiffis, non folum ago, fed & habeo gratias. Hoc unum abs Te rogatum velim: fi quæ plura (huic infcriptioni cujus initium eft: anno dominicæ incarnationis 764) quam in exemplo mihi miffo, fubjecta effent, me certiorem reddas. Dictio quidem illa, & cetera ante verfum: Toto clericus, conlocata, me ancipitem faciunt. Quare fiquid deeft, & fi modo poteris, literarum Imperatoris Cæfaris Caroli M. exemplum integrum ad nos mittito, quemadmodum & abba Campidunenfis de fui monafterii erectione, ampliffime mihi gratificatus eft. De Sylacho nusquam legi. Diligentia forte exactiori videbis aliquando & Suevorum reges, & duces a nobis confcriptos.

Endlich rückte Ellenbogen deutlicher mit der Sprache heraus. Seine fernere Antwort beweiset nun völlig, was ich oben gesaget habe, und zeuget von dem Mißtrauen, das einer der gelehrtesten Aebte in Ottenbeuren, nemlich Leonhard Wiedemann, und Ellenbogen selbsten, gegen die Stiftungs = und Bestätigungsurkunden

ihres

ihres Klosters geheget haben. Er schreibt:
Quod petis copiam literarum imperialium
Caroli M. velim æquo animo fuscipias
hanc meam excusationem. Literæ origi-
nariæ, ut ex superiori epistola edoctus es,
igne sunt absumtæ. Quae vero adhuc habentur transscripta, fide minus digna sunt,
nulliusque ponderis. Adde quod plera-
que in eis continentur, quæ si publicitus
exierint, facile monasterii in præjudicium
cedere possent. His aliisque rationibus
satis prægnantibus ponderatis, Abba nofter satius judicavit, literas ipsas perpetua
clausura servari, quam omnibus legendas
in publicum dari. Ceterum quod scripsi
Totonem Clericum in Abbatem suffectum,
non continetur in literis fundationis, sed
ego addidi, ut si quidpiam de origine monasterii Ottenpurani Chronographiæ Tuæ
augustali inserere placuisset, copiosiorem
haberes de fundatoribus materiam. Quæ
vero in iisdem literis sequuntur & prolixa
sunt, & lectu fastidiosa. Recensentur enim
nominatim villæ & prædia cum redditibus,
quibus Syllachus monasterium dotavit.

Mit

Mit wenigen Bemerkungen will ich diese Fragmente begleiten. Peutinger zeigt sich auch hier als einen tiefforschenden Liebhaber und Kenner der Geschichte, und der Alterthümer. Noch war der Name der Wissenschaft, die Mabillon zuerst genau bearbeitet hat, nicht bekannt, und Peutinger verräth schon Einsichten in ihre Grundsätze, die uns Bürge sind, er selbst hätte ihr Erfinder werden können, wenn er Zeit und Muße gehabt hätte. Er sieht schon das unförmliche und widersprechende im Anfange der Stiftungsurkunde, ob er gleich nur vorbeyeilend davon spricht. Der angebliche Stifter des Klosters Ottobeuren ist auch ihm, einem Manne, der mit dem sorgsamsten Fleiße der Geschichte seines schwäbischen Vaterlandes nachforschte, und zu ihrer Bearbeitung alles, was er nur auftreiben konnte, sammelte, völlig unbekannt — unbekannt ein Sylach, Graf im Jlergow. Das letzte Geständniß des Ellenbogens macht es sehr zweifelhaft: ob Totto der erste Abt des Klosters gewesen? Denn der redliche Mönch gestehet es selbsten, daß er die Nachricht davon hinzugesetzt habe, und er verschweigt die Quellen, aus denen er geschöpfet. Sinds schriftliche Urkunden? von welchem Alter?

ter? von welchem Werthe? ists Tradition? ists
bloße Muthmaßung? Wenn der Bestätigungsbrief unbezweifelt ächt wäre, wenn ihn Ellenbogen
für ächt gehalten hätte, so hätte er sich auf denselben beziehen können.

Nach dieses gelehrten Benediktiners Angabe,
waren die Orte und Güter, die der Stifter dem
Kloster schenkte, im Stiftungsbriefe namentlich
angezeigt. Waren es die Namen, die der Ottobeurische Chronographe seinen Lesern vorlegt (*),
so sind sie geradezu, ein unfehlbares Zeugniß
gegen die Aechtheit des Stiftungsbriefes. Denn
sie passen gewiß nicht in die frühen Zeiten, in
denen die Stiftung soll geschehen seyn. Und
überdies sind es ein ganzer Marktfleck, und
ganze Dorfschaften, mit denen nach dieser Anzeige Sylach das neue Kloster begabet haben
soll.

Der Geschichtskundige weiß, daß solch eine
Schenkung mit den Gewohnheiten der Karolingischen Zeiten nicht übereinstimmt, in welchen
die Grafen zwar eigenthümliche Güter besaßen,
und

(*) S. 4.

und zu Stiftungen brauchten; aber es waren nur einzelne Höfe und Partikulargüter (*).

Briefe
gelehrter und berühmter Männer.

Briefe gelehrter und berühmter Männer, sollen künftig in jedem Theile dieser kleinen historischen Schriften, dem Publikum mitgetheilet werden. Ich werde aber immer solche wählen, die entweder selbsten eine historische Bemerkung enthalten, oder mir doch zu einer solchen Anlaß geben. Hier erscheint zuerst ein Brief des unvergeßlichen Anton Reisers, dessen gründliche Gelehrsamkeit und ausgebreitete, bleibende Verdienste bekannt genug sind. Er ist ein Zeugniß seiner richtigen Einsichten und guten Geschmackes. Sein Urtheil über die damalige neueste Ausgabe der Bibliotheck der Kirchenväter

---

(*) S. Gründliche Ausführung der Reichsstadt Lindau ꝛc. S. 841. f. Gründliche Ausführung und Rettung des heiligen Reichs Stadt Kempten uralten Herkommens ꝛc. S. 15. f.

ꝛc (*), und über das bekannte Werk des Huets wird jeder, der zu prüfen fähig ist, genehmigen. Der Proselyte Ertl ist der bekannte ehmalige Churbayrische Hofsgerichtsadvokat, Kaiserliche Rath, und der unmittelbaren freyen Ritterschaft in Schwaben aller fünf Kantonen Syndikus, Anton Wilhelm Ertl, der sich durch verschiedene juristische und historische Schriften rühmlich bekannt gemacht hat. Er hatte lange mit wichtigen Zweifeln gegen die Lehren der katholischen Kirche zu kämpfen, über die er mit vornehmen protestantischen Gelehrten einen geheimen Briefwechsel unterhielt. Der trefliche Augsburgische Senior Gottlieb Spizel, ein bedeutender Theologe selbiger Zeit, der sich auch um die gelehrte Geschichte aufs beste verdient gemacht hat, war einer der vornehmsten, von dem Ertl sich belehren ließ. Ich besitze eine reiche Anzahl von Briefen, die diese beeden Männer, in diesem Geschäfte miteinander gewechselt haben. Ertl entschloß sich endlich zum öffentlichen Uebertritt in die Lutherische Kirche. In Augsburg war die Vollziehung dieses Entschlusses eine mit vielen Schwierigkei-
teit

(*) Bibliotheca maxima Patrum, Lugduni 1677. in 27 Follobänden.

ten und Gefahren begleitete Sache. Ertl kam zwar von München in diese erste Schwäbische Reichsstadt, und fand da von den Evangelischen Regenten Unterstützung, die er nöthig hatte, und kräftige Empfehlungen nach Ulm und Stutgardt. Der damalige große Augsburgische Rechtsgelehrte Thomann von Hagelstein zeichnete sich besonders unter seinen Gönnern aus.

In Ulm war der gelehrte Senior D. Veiel der Mann, der für die weitere Belehrung und Bestärkung des Ertls in der Wahrheit, liebreich und eifrig besorget war, so wie er auch sonst sich als einen mildreichsten Wohlthäter gegen ihn erwieß. Hier legte Ertl nach einigen Unterredungen mit den versammelten Herren Stadtgeistlichen sein Glaubensbekenntniß feyerlich ab. Er reißte sodann nach Stutgardt, wo er den großmüthigen Schutz und Unterstützung des Herzog Karl Friedrichs, Administrators und Mitvormünders des noch unmündigen Eberhard Ludwigs, genoß, und die sicherste Hoffnung zu baldiger Beförderung zu einem ansehnlichen und einträglichen Amte, hatte. Allein die Liebe zu seiner Gemahlin, die in München sich aufhielt, und als eine eifrige Katholikin, listin, zu ihm zu kommen sich weigerte, machte ihn bald wankend, und er kehrte wieder nach Bayern und zu der katholischen Kirche zurück. Es kann meinen Lesern nicht unangenehm seyn, hierüber das Urtheil eines der würdigsten, verdientesten, und einsichtsvollsten Gottesgelehrten unsrer Kirche, des großen Speners zu lesen. Es ist zugleich warnend für alle die redlichen Männer, die durch die Zuflucht der Proselyten zu ihnen oft in große Verlegenheit gesetzet werden. Ich zeige unten die Schrift an, in der es zu finden ist. (*). Die Historia nudipedum ist ohne Zweifel des damaligen Augsburgischen Diakons Baurs, Nachricht von den Barfüßern und der Barfüßerkirche zu Augsburg, die um selbige Zeit zum Vorschein gekommen ist. Die Chaldäische Paraphrase, von der Reiser spricht, hat man dem geübten Kenner der morgenländischen Sprachen Fr. Math. Bek zu danken.

Der Einsiedlische Archimandrit, in dem Brief Ottos, ist der gelehrte Augustin Reiding, Abt zu Einsiedeln, der im J. 1681. vindicem

veri-

(*) Spetteri Consilia Latina, Part. I. S. 138.

veritatis annalium ecclefiafticorum Baronii, wider den Otto drucken ließ, und damals vermuthlich schon an diesem Werke arbeitete.

In Spizels Brief an den Th. Bang, wird des R. David Cohen gedacht. Wolf, ein Mann der hier geltend ist, rühmt diesen Rabbi, als einen sehr gelehrten Mann, und er ertheilt besonders seinem Rabbinischen Wörterbuch, das zwar nicht vollendet ist, ein bedeutendes Lob.

Dieser jüdische Gelehrte, der sonst in Amsterdam seine Wohnung hatte, starb 1674 in Hamburg und er soll vor seinem Tode Merkmale seiner Neigung zur christlichen Religion geäußert haben. (*) Nach dem Tode des großen Rabbiners Manasses Ben Israel stund er unter seinem Volke in vorzüglichem Ansehen. Das zeuget der Tübingische Professor Ben. Hopfer, der ihn 1673 in Amsterdam gesprochen hat (**). Der letzte Brief, den ich hier mittheile, ist von dem Georg von Peurbach. Von einem solchen Manne

---

(*) Wolfii hiftoria lexicorum Hebraicor. S. 70. f. Bibliothec Ebraic. p. 2. S. 316. f.

(**) Hopferi epiftola de viris eruditis, quos in Anglia, Gallia, & Batavia falutavit in der Rechenbergischen Ausgabe der Briefe Marefii append. S. 673.

Manne verdienen auch Kleinigkeiten aufbehalten zu werden. Er macht in der Geschichte der Astronomie eine wichtige Epoche. Johann Müller von Königsberg in Franken, ein wahrlich großer Mann, hatte ihm, und seiner Anweisung, seine trefliche astronomische Kentnisse zu danken, und ohne ihn, und den Gebrauch seiner Schriften, würden nach dem Zeugniß des Gassendus, auch Copernicus, und Brahe, nicht geworden seyn, was sie zu ihrem ewig unvergeßlichen Ruhm gewesen sind. Glänzende Ehre ists für ihn, daß der große Gassendus, ihn, ungeachtet er nur ein Teutscher war, gewürdiget, sein Biographe zu werden. (*) Auch Fr. C. Fl. von Kauz hat ihn dieser Ehre werth geschätzet. (**) Den Brief von ihm, den ich hier meinen Lesern vorlege, habe ich aus einer niedlichen Abschrift, eines um das Jahr 1470 von einem ehemaligen gelehrten Mönchen in Monsee Hieron. von Werde verfertigten reichhaltigen Codex, die sich in meiner Bibliothek findet,

---

(*) Vita Peurbachii, & Jo. Regiomontani, Tych. Brahei, & Nic. Copernici vitæ annexa edit. Hagens. 1655. 4. p. 337 f. f.
(**) Versuch einer Geschichte der Oesterreichischen Gelehrten. S 33. ff.

findet, genommen, aus welcher ich verschiedene wichtige Stücke werde liefern können. Man lernt aus diesem Briefe einen geschickten und fleißigen Schüler des Peurbach kennen, dessen Zuname, wie ich aus eben gedachter Abschrift hinzusetzen kann, Müllwanger war. Die bittern Klagen, die Peurbach über den frühen Tod dieses jungen Mannes anstimmt, zeugen sattsam, daß er, wenn ihm die Vorsicht eine längere Laufbahn auf Erden gegönnet hätte, was Grosses geworden wäre, und seinem Lehrer auszeichnende Ehre gemacht hätte. Den Lauf der Gestirne verstand Peurbach freylich besser, als die reine, zierliche lateinische Sprache, das richtige Sylbenmaaß, und genaue Orthographie. Sonderbar ists, daß der tief gebeugte Lehrer zuerst vor dem Jupiter, denn vor der heiligen Dreyeinigkeit, weiter vor dem Erlöser, und zuletzt vor der Mutter Jesu, seine Klagen ausgeschüttet.

ANT.

ANT. REISERI
Epiſtola ad Theoph. Spizelium.

Immanuel!

Ex ultimis à manu Tuâ acceptiſſimis intellexi, Magliabecum, qui à longo tempore ad meas, & Celeberrimi Placcii literas ſilet, de noviſſimâ Bibliothecæ Patrum Editione ſuam quoque interpoſuiſſe Cenſuram, & aliquantò plures in eâ defectus, & errores notaſſe, quam à me, vel aliis eſt factum. Quamvis autem in ſingulos fere dies plura licet animadvertere, quæ Editores nimium feſtinantes, vel commiſerunt, vel omiſerunt, gratiſſimam tamen præſtares operam, ſi ea, quæ naſutus hic Italus contra Gallos obſervavit, mihi facere dignaveris communia. De Tomis Conciliorum deliberabo, ſi Deus anno ſequenti me porrò velit vivere, cum inter id obcurrant alia quædam minora, quæ meam deſiderare videntur operam. Scias autem

autem, me heri demum Amftelodamo accepiffe Fafciculum ex officina Janfonianâ, aliqua exhibentem nova, ex. gr. elegantiffimam operum Caffiodori Editionem, Theodori Archiepifcopi Cantuarenfis Pœnitentiale, haftenùs ineditum, & diu à multis defideratum, Monumentorum Ecclefiæ Græcæ itidem haftenùs ineditorum Tomum primum Editore Cotelerio, Anonymi cujusdam, qui Reformatis videtur addiftus, Differtationes tres, de Sanguine Chrifti contra Collinum, de libertate examinandi Decreta Conciliorum, & de vita ac Scriptis Tertulliani, Bofsveti novam Doftrinæ Catholicæ Expofitionem, Voffii Scriptum de Vaticiniis ante Chriftum inter gentiles, in quo antiquam de Verfione Græca fententiam defendit. Percurri etiam nuper *Huëtii Demonftrationem* Evangelicam, in quâ id quidem laude dignum, quod Prophetias de Chrifto contra Grotium, & veritatem Miraculorum contra Spinofam mafculè vindicat, id tamen labe non caret; quod fubinde fuperftitiones Papifticas immifcet, quod tamen ab Eo faftum puto, ne fuis videretur fufpeftus, nimis etiam

jeju-

jejune Apocryphos defendens libros, quos melius reliquiffet indefenfos. Cæterum, in Præfatione quidem promifit, multa fe novè in medium producere, quæ tamen perpauca inveni, & quæ ex Judæorum deproinfiffe videtur Monumentis, è Pugione Fidei accepit mutuò, quem quidem femel atque iterum laudat, cui tamen plurima in hoc genere debet. Quem commendafti Ertelium è Bavaria proxime Profelytum, meis Hamburgenfibus commendare non audeo, utpote qui nimiâ hujus generis hominum copia laborant, tanta videlicet, ut fi de migrationibus gentium titulus ad novam deduceretur praxin integræ impleri poffint iis Coloniæ. Oftendat Deus, quem fequi intendit, locum illi tutum, ubi Confcientiæ liceat impetrare defideratam Serenitatem. Venerunt non ita pridem duo & duplicis Genii Scripta è Patriâ in manus meas quorum prius fiftit fermone Vernaculo Hiftoriam nudipedum, pofterius autem Idiomate Chaldaico Paraphrafin primi Chronicorum libri haƈtenus invifam. Meum fi fuper utroque defideras judicium, credas mihi velim, hoc præ illo

mihi

mihi in tantum placuiſſe, ut Patriæ ſeriò gratuler ob civem tam bonum, & nihil aliud deſiderem, quam ut ſecundum quoque librum proximè hac Veſte velit exornare. Vale Amicorum primipile, atque in bonum Eccleſiæ, & Eruditionis apud plurimos contemtæ ornamentum porro vive, memor inter preces

Tui ex aſſe

Hamburgi MDCLXXX.
Domin. XVI. Trin.

L. Ant. R. iſerì.

J. BAPT. OTTONIS
Epiſtola ad Spizelium

Vir Reverende, atque Celeberrime!

Significaſti mihi in ultimis tuis velle Te mitti tibi S. Thomæ compendium, id quidem lubens, ſineque mora feciſſem, modo mittendi facultas ſeſe mihi obtuliſſet. Nunc Zurzachienſes inſtant nundinæ, quò etiam Auguſtani Mercatores convolant, in iis alicui veſtratis fideliter, mea traditurum,
&

& commendaturum amicus ex familia promittit. Leve ergo ifthoc ἀντίδωρον abs me accipe, & prout nôfti, utere. Abfolvi in Anti-Baronio meo X. Seculum, adeoque quæftionem illam de autore Epiftolæ Epifcopi veftri ad Nicol. I. P. quem nodum mihi feliciter enodavit Welferus vefter fane doctiffimus in recenfione Vdalgeri veftri Epifcopi N.º XIV. qui fedit ab anno 848. ad 864. adeoque Nicolai ævo. Id comprobat ipfa quoque' materia illis temporibus agitata. Quam facile autem fuit, ut Amanuenfes, imprimis qui abbreviata exceperunt, & fcripferunt ex dimidiata voce unum pro altero fcripferint, vel unum idem quod alterum cenfuerint. Hifce diebus allata mihi epiftola à Lucernenfi tabellario, prætendente Herbipoli Argentoratum miffam, ibique mulieri Lucernam abeunti commendatam: nec alius locus in epiftola notatus. Sed revera fucus eft Jefuiticus, Lucernæ à Jefuitis, & ab Apoftata alio adornatus, in ea totum opus meum rejiciunt, & exfibilant, fine tamen argumentis. Quare id fic faciant, in fine fe produnt; qui ita: Redde te Deo, tibi

& confcientiæ tuæ, tot ftimulis jam excitatæ. Ego animam tibi oppignoro, ego vitam, & fanguinem, fi animæ fic tuæ, fi faluti fic commodare queam, opem fpondeo, confiliumque feu è longinquo, feu proximo. Habebis inter Catholicos Bafileæ amicos, Solodori Patronos, Lucernæ cives, Conftantiæ Hofpites, Auguftæ (NB.) Patres, Dilingæ Magiftros, Viennæ Curatores, Romæ nutricem matremque &c. Ad hæc jam refpondeo, breviter tamen, nec ut merentur, quò alium in me, quàm in fe Spiritum deprehendant. Omnia illorum argumenta vana funt, mundana, ficulnea; quæ in filiis lucis nihil omninò efficiunt. Filius defuncti Generalis Werdmulleri, vir doctus, & eximius redit modò Vienna cum Notario publico, non minus erudito, non fine gratia Cæfareæ Majeftatis: falutem is mihi attulit à Lambecio Bibliothecario, aitque non ingratum ipfi fcriptum meum, velle autem monere indè quædam publice. Noftri Cæfaream Bibliothecam commendare fatis non poffunt. Quid Einfidlenfis Archimandrita præftet, dicere non habeo, quandoquidem

occul-

occulte omnia aguntur. Spero me bono cum Deo, colophonem intra annum feculis Baronianis impofiturum. Affeverare autem pergo, non minus rara, & ftupenda in poftremis annis occurrere, quibus ad ἀκμὴν pervenit Antichriftianifmus. His ergo vale Celeberrime Vir, favere, ac fovere perge. Tig. 12. Maij. 1678.

THOMÆ BANGII
ad Theoph. Spizelium, Lipfiam.

Clariffime Vir!

Faftigio laudum, quas binæ tuæ literæ, eruditionis tuæ, & humanitatis teftes, me cumulârunt, longè inferiorem me fentio. Suffecerit mihi in fecundis, aut tertiis conftitiffe, maximamque ætatis meæ partem otio non plane fegni obtorpuiffe. Tibi verò accidit, quod compluribus eruditis, ac bonis viris. Hi enim illam doctrinæ facem, qua propria monumenta fplendent, in aliorum fcriptis reflexo velut lumine cernunt. Vife modò tuam δυσιδαιμονίαν Ebræo-
Genti-

Gentilem, atque Eimarmenologiam gentilem: mox par fpeculorum tuomet obfervabitur confpectui, quibus reconditior Mufarum thefaurus contemplandus proponetur. Sinenfis literaturæ, & fapientiæ σύγ- κρισιν, quam paras, cum antiquiffimis Europæorum placitis, totus mecum Parnaffus avidè exfpectat. Faveat cœlefte numen inftituto! quod eò præclarius futurum auguror, quò rariùs ac difficilius. Divino enim favore in re tam ardua, atque proprii ingenii fummo opus eft conamine. Secùs ac illis placet, quibus inverecundum non eft aliena fcripta nunc exfcribere, nunc mutilare, & fic gratiam aliis debitam ad fe rapere. Quo fit, ut publicæ Mufarum fedes inutili Scriptorum pondere onerentur, quod quidem ad exenteranda marfupia accomodatiùs cenfueris, quam pectora folida eruditione imbuenda. Sufficit veteribus ollis nova appenfa anfa, & fcripturientis vulgi judicio recoctis fæpius fcriptis novus titulus, novaquè methodus. Tuo verò pectori alia mens fedet. Ubi nulla, aut rara authorum veftigia apparent, figis pedem, & ipfis literarum

duci-

ducibus viam sternis. Huic eximio incepto promovendo è meis lucubrationibus aliquid adjumenti allatum iri, speras. Optârim equidem, ne spes illa, quam de iis concepisti, decollaret. Ratio in proclivi. Typographi hominum genus, quod cuncta aestimat splendido isto luto, quod aurum, & argentum vocamus. Horum obstetricante operâ opus erit, sicubi delitescentes, intra privata Muséa literarii fœtus, in lucem sint edendi. Accedit temporum iniquitas, qua libertas Minervæ Marti plusquam effronti subdita facta Musas in commune rerùm discrimen secum adducit. Cogor itaque καιρῷ λατρεύειν, καὶ μὴ ἀναπνεῖειν ἀνέμοισι, & quæ edita cupis, commodiori tempori reservare. Quintam autem meam Exercitationem de Urania Sacra, & profana, quæ schemate Heliocanthari proposita, & exposita extat, ad tuas manus pervenisse conjicio è literis tuis, quæ meorum verborum conceptorum totidem apicibus meminerunt. Hæc edita Havniæ Anno J. Ch. 1642. aliquid forte commune habet cum tuo argumento. Hujus omnia exemplaria dudùm distracta novam lucem poscerent, si tantæ temporum difficillimorum tenebræ huic non officerent. Ut autem uno velut intuitu partim editos, partim ineditos labores meos in conspectu habeas: ecce idem tibi officium præstare volui, quod paucis abhinc annis in me extare voluit Athanasius Kircherus, vir in Hieroglyphicis Ægyptiorum literis versatissimus. Is Româ ad me transmittendam curavit Synopsin Oedipi Ægyptiaci jam editi. Hujus exemplum imitatus, sceleton mearum nugarum literis his auspicalibus adjunxi. Exiguum certè ἀντίδωρον pro tot eruditis monumentis, quibus meum Muséum pronuper mactum reddidisti. Clarissimum virum, Dominum M. Fridericum Rappolt plurimùm salvere jubeo, eiquè de eruditis observationibus Philologicis super 28. Cap. Gellii meritò gratias ago, de redhostimento solicitus. Quodsi cum venerabili viro, Domino Daniele Fesselio Superintendente Custrino - Neomarchico necessitudo tibi intercesserit; fiduciâ istius amoris, quo me complecteris, etiam atque etiam rogo, haud ducas grave, gravissimum, & doctissimum virum meis verbis quam amicis-

simè

sime salutare, & expiscari, num meas literas, quas paucis abhinc annis ad ipsum dedi, acceperit. Ego enim excitatus publicâ invitatione ad socios labores in adornando perfecto Vet. Testamenti Lexico, (cujus sub finem Praefationis praefixae adversariis Sacris' meminit,) propositum Feſſelianum summoperè laudavi, & promisi meam heic operam, si plures pios, ac peritos τὸς ισυνέργους nancisci posset. Nihil autem hactenus responsi tuli. Communis heic utilitas quaeritur, quae ut obtineatur, communi opus erit Mercurio. Eò autem faciliorem te in hoc negotio fore spero, quò publici boni amantior existis, & quò vicinius Custrinum est vestrae Lipsiae: intra quae loca ultro citroquè literae commeant. Etiam literas meas amicissimo affini meo Domino Jacobo ad Dominum Doctorem Hulsemannum comites dedi, sed incertus planè, an tutò sint perlatae. De caetero vale, & in decus, ac incrementum reconditiorum Literarum diù feliciterquè vive.

Hafniae 18 Octobr. 1659.

P. S.

P. S. Pag. 45, 46. Cœli orientis tantùm abeſt, ut reprehendam Meiſnerum, ut potiùs laudem. Aliàs & meipſum reprehenderem, qui recrudeſcentibus Patrum vulneribus non minùs, quàm Meiſnerus malagma paro. p. 46, 47. ſqq.

THEOPH. SPIZELII
ad Th. Bangium.

Vir Incomparabilis!

Tuo tandem conſpectui ſiſto tenellum huncce fœtum, non vanæ cujusdam perſuaſionis, aut neſcio cujus confictæ præſtantiæ opinione turgidum, ſed Magnif. duntaxat V. favore ſublevatum. Etenim cum illum tantis Literarum Principibus non diſplicere ex literis ejusdem intellexerim, non luci ſolum, verum quod magis eſt oculis tuis, quamvis lucem obfuſcantibus, eundem exponere ſum auſus, quibus ſi minus ſe probaverit, abjiciat illum Magnif. V. ut aquila ſole arbitro ejurat partum caligantem. Tuo verò rò utpote Numinis cujusdam Literarii favore fretus, cuncta oris malignantis judicia five contemnere, five eludere conftitui. Nec minùs confido, me habiturum monitorem, qui candidè indicaturus fit errata, quæ difficulter evitari poffunt ab homine, in hoc maxime Studiorum genere. Hactenùs verò Lugduni Batavorum non minùs fummorum Virorum favore, quam inftructiffimarum Bibliothecarum fplendore mirificè fum recreatus, offendi fummum hujus ævi Ebræum R. David Cohenium, (authorem עיר דוד). Magna ille molitur, ftupendique laboris opera, vaftiffima videlicet vocabulorum pariter, ac adagiorum Thalmudico - Rabbinicorum volumina, quorum Catalogum literis ad V. Magnif. à me impetratis exhibebit. Cæterùm jam fermè nihil ejusdem five oculis, five auribus dignum lucem videt, præterquam quod Coccejus, abfoluto nobiliffimo ad Pfalmorum librum Commentario, jam controverfias Judaicas Differtationibus publicis difcutere cœperit, ab Ebræis ipfis fi non provocatus, faltem invitatus; Hornbeckius verò Difputationibus

tribus

tribus refutaverit impium illud Irenicum Irenicorum, à nescio quo Medico seu Dæmone potiùs ad allatrandam Salvatoris æternitatem adornatum, quam spartam ante illum etiam suscepit Commenius, alio tamen Stigmate, *Luce* videlicet *in Tenebris*, æternis tenebris digna, notatus à Nicolao Arnoldo, Theologo Franequerano, olim Discipulo. Tristissimas autem turbas Ecclesia Ultrajectina passa est, culpâ Voëtii dicam, & Ministrorum, an Magistratus? Eò certè jam perventum est, ut duo illorum, maximâ cum ignominiâ ab officio remoti; deque ipsius Voëtii abdicatione actum sit, in causâ potissimùm Maresianam controversiam de Canonicis, & reditibus concernente: Verùm itineri Germanico jamjam accinctus, hæc & alia prosequi vix possum. Salutato verò Argentorato, non solùm Magnificentiæ Vestræ favore me dignum probabo, verùm diù, multùmque desideratam inserviendi occasionem ab eâdem, cùm sententiâ de Fesselianarum Literarum copiâ, ante abitum Lipsiæ transmissâ, exspectabo. Vale orbis Eruditi Atlas, & incurvatam, atque declinan-

olim antem molem literariam fuftentare pergei, qui non folùm vertice jam cœlum tetigifti; verum inter ipfa fidera locum olim etiam obtinuifti. Lugd. Bat. prid. Kal. Sept. 1660.

G. PEURBACHII EPISTOLA.

Georgius de Peurbach Magiftro Georgio de Egenburga Suo, falutem plurimam dicit.

Ordine (nefcio quo) fic factum eft: ut ablato eo, quem mihi fummum delegi in amicum; cujus animus plus quam dimidium animæ meæ femper erat (ô utinam adhuc effet!) in te, mi Georgi, favor ille meus, fupra cæteros homines, redundet atque recumbat. Rectum igitur exiftima, fi multas animi mei turbationes, tibi tanquam amico, palam efficiam; ut me (fi potis es) mecum gemendo, triftando, flendo, lamentando, plangendo, foleris. Hej mihi! quo ordine ordiar, incertum eft? Sic totus fpiritus meus, tota anima ma mea, totum cor meum, omnes nervi, totum praeterea corpus ingravatum, laceratum, conquaffatum, mœrore perculfum eft & impexum. Oy me! Illa mea fpes, mea maxima cura, mea fumma voluptas, baculus aetatis meæ: cujus praefentia femper fummum mihi ferebat gaudium, peftifera occubuit rabie, Vitam indignatam effudit cum gemitu; me non praefente. Ah Deus immortalis! quot mihi meum antea terruerunt animum omina: quorum unumquodque mihi (fi non tam inertis fuiffem confilii)certam hujus mortis fcientiam facere potuiffet. Primo namque dum ab eo difceffurus, verfus Hungariam pergere cœpi; (ô infelix iter! utinam manfiffem!) cœpit per totum corpus & omnia membra mea frigidus & magnus ex anguftia mentis (nefcio qua?) fudor effluere: mihi quoque caufam fudoris neganti, ille, quem anima mea amabat, omen interpretabatur dicens: certe malum effe mentis praefagium, periculum in uno ex nobis minaturum: potiusque manendum quam eundum fore aftruebat. O Deus cunctipotens! quantae caecitatis eram, floccipendens

dens confilium! Abfceffi, Hungariam proh
appuli! Nulla dies è coelo luxit: nulla
praeterea cucurrit hora, qua non timerem,
nefcius, quid timerem? Semper tamen
mihi meus dulciffimus Rempertus (o fum-
me Juppiter, ipfum à me tuliſti!) menti
fuit. Ille mentis meae pavor ad afcendendi
continuum impulit me defiderium. In curru pergens, prece ad Dominum Omnipoten-
tem talibus fudi verficulis.

O Pater omnipotens, qui rerum flectis habenas,
Atque hominum mentem divina luce dedifti,
Poffit Pythagorae dextrum tranfcendere callem,
Virtutisque vias, tua fupplex numina pofco.
Ut juvenem vitae quia pars est altera noftrae,
Mundum conferves, & recto tramite ducas.
Ne fua mens fana a fociis maculetur iniquis.
Ambo tibi fimus curae: vivamus in aevum.

Quod quidem carmen, mente mea Viennam
attuli: ubi charta fignatum (ut curam, quam
pro eo gererem, agnofceret,) tradidi. Ut autem domum introivi, eo tum abfente, famula
domus noftrae chartam expofcens, plebanum

divi-

divitem effectum narrabat. At, at! illico
perculit mihi mentem: Suspiria traxi pro-
funda, caufam ignorans; adeo, ut dubius
essem, si, magis inopinato eventu gaudendum
mihi, quam triftandum esset? Magis tamen
triftabat, ille eum mane à me discessurum,
beneficii posseffionem accepturum intellexi.
Eo nondum veniente, cameram intravi, cedulam quandam fuis digitis & fignis exara-
tam (cuius titulum mihi pertinere vidi,) in
mensa jacere conspexi: qua me de fuis rebus
(si ea die venturus non fuissem) certiorem
facere cogitabat. O Sancte Deus! quid ego
legi? Inter cætera scripserat *Vale, vale, mi
dulcis Georgi! æternumque vale!* O illud
æternum vale, ut vidi, tanto mihi ftupe-
fecit animum; ut vix me ipsum cognosce-
rem? totus pedibus & manibus tremulus
factus eram; Venit enim illud Virgilianum
in mentem, ubi Pallas mortuus ad domum
Evandri deferendus ab Ænea valedicitur.
Namque folet illud *æternum vale*; tantum
inter eos, qui sic ab se difcedunt, ut nunquam
amplius fefe visuri sint, dici. O mi dulcis
Remperte, bene dixisti: *Vale! æternumque
vale!*

vale! Nam, ita, à me difcefsifti: ut quem iftis meis oculis nunquam amplius vifurus fum. Paulo poftquam illud *vale* legiffem, ipfe mea cura, veniens, me fatis turbatum reperit: Sufcepit verbis talibus, *Beneveneritis Magifter Georgi!* Talibus verbis, ubi nulla noftræ familiaritatis & amicitiæ folitæ fiebat mentio. Quibus refpondi: Grates Magifter Remperte! O Deus Omnipotens! Jam finis erat, & tempus proxime inftabat: quo neque Pater huius ego, neque filius ifte meus diceretur. Sole deinde noctem per ruentem inclinato, amborum animi fatis fuperque fatis (non cognita caufa) gravabantur. Lectum eundem gratia quietis ingreffi fumus; ibi tamen tota fere noctis longitudine noftris collocutionibus trita, plura diverfaque contulimus. Certe mens nobis mali præfaga fuit. Dixi, Tuum eft iter, amiciffime, in locum peftis horrore plenum: mihi vero mora in loco timoris fimilis. Quid fiet, fi interea unum ex nobis contingat oppetere? Scio tamen ego, fi naturalem quisque noftrum fuam attingat periodum, me neceffe fit, ante te in terminum ire. Quare,

Q 4 anime

anime mi! totus exorans te, animam tibi committo meam. His dictis, O æterne Deus! lacrymæ funt ex oculis in copia provolutæ; atque grave fufpirans, id in manu fupremi Dei confiftere dicebat : ô Deus immortalis! quid eft, quod tam cæcis quidam funt homines oculis? ut animos noftros futura quibusdam fignis paffionum in eis accidentium præfentifcere negent? Numquid illius atque meus in hoc animus falfus fuit? Multa per eandem (Oy me! fuit ultima nox) noctem, inter nos mota fuerunt: quorum unumquodque (fi non tam ftolida fuiffet mihi mens) hujus turbationis feciffet præfagium. O mi Georgi! quid tibi dico? Mane cum levaffemus e lecto, (nunc primum nefcio fortius quid mihi pulfat animum.) *habesne pillolas contra peftem?* ajebat. Ita quas habui, in tafcam eius conclufi. Item confeffionis fuæ cedulam pariter adjunxit. Volebat etiam fecum deferre res parvas, quas fupra cæteras fuas amabat. Kalendarium meis fibi manibus compofitum; libellum in quo carmina & epiftolas, quas

fæpesæpenumero ad eum scripseram, collegerat. Metra quoque, quæ supra in ascensu de Hungaria dictaveram, sibi singulariter scribi cum aliis poposcit. Tunc etiam ut secum iter agerem maxime desiderabat: quantusque fuit in ardore me secum eundi, non minor ego in desiderio eum sequendi: sed equi defectus impedimento fuit. Præterea cum equum ascendisset, domum exiturus: cum extremo dorsum aspiciebam (ô Pater omnipotens!) incidit animo meo, unde nescio? cogitatus iste: & quomodo, si te posthac nunquam videro? O Sanctissime Deus! quam verificata est hæc cogitatio! Tunc enim eum ego extremum meis oculis aspexi. Sic à me separatus fuit ille meus animus, altera medietas vitæ meæ: ut nunquam postea viderim; nec in hoc seculo illum visurus sim. Quanta post hunc illum suum abscessum me vexarit turbatio, tu ipse mi Georgi scis. Ubi meus juvenis valetudinem incidit pestiferam; semper erat mihi major cura & animus sursum ad Rempertum tunc absentem, quam ad juvenem

domi

domi apud me peſte laborantem. Tanta
me turbabat melancholia die mortis: ut
ſi ſocios itineris reperiſſem, cogitabam,
aſſumptis medicinis optimis (quocunque
etiam pretio) contra epidemiæ morbum,
ſtatim, ſine mora, meum dulciſſimum
Rempertum ſequi. O ſumme Pater! utinam omnibus poſthabitis rebus ſecutus
ipſe fuiſſem dies & noctes eundo, donec
ad illum, quem ſic humane amavi, ut
nihil ſupra, veniſſem! Quid, mi Georgi,
apud te, per dies eosdem fecerim, ſcis.
Quot duxi ſuſpiria; quotiens tibi de meo
Remperto incorriavi; quanta me contuderit triſtitia: quam longa fuit omnis mihi mora; qua Dominum Abbatem Mellicenſem opperiebar. Cum eodem aſcenſum, & deinde ultra progredi apud me
mente conſtitueram. Ante tamen adventum illius a litteris ſcribendis ad meam
ſpem abſtinere non potui. Quales die
glorioſæ Virginis Matris Domini, cujus
nomen mea lingua digna non eſt exprimero, ſcripſerim, ſcis: tibi jam ſigillatas
& clauſas aperui, apertas legi. O æterne

ne Deus! viginti vel plures fuerunt loci
in eis lectis, quibus aperte clara potuiſ-
ſem præſagia ſentire. Principio dixi: Jam
tempus, quo me Patrem ille, quo illum
ego filium appellare phas non ſit, adveniſſe,
atque eum ipſum has leges præſcripſiſſe.
Nonne ita factum? Item in Vita tota
mea, nunquam literas majori triſtitia,
majori mentis perturbatione, majori affe-
ctione, quam eas, dedi. Cum ſcribere
volui diem, quo juvenis meus venenum
hauſiſſet —— (*), incidit menti meæ
ſua ſponte ſic. Illa ipſa die, qua te tuus
infauſtus quadrupes ab domo noſtra tulit. O mi Deus! ex illo *infauſtus*, (licet ſic incidiſſet animo ſcriptum, ſcriptum
non eſt tamen) aucta fuit triſtitia, præ-
ſagium afferens. O ego infauſtus! Si
ſcripſiſſem etiam *infauſtus* ad *quadrupes*;
idem eveniſſet, quia nunquam ad eum
ruentem litteræ iſtæ devenere. In alio loco dixi: O mi Remperte! quia abes à me;

vide-

(*) Hier iſt in der Monſeeiſchen Abſchrift eine Lücke,
die ich nicht auszufüllen weiß.

videre mihi videor ab omnibus amicis meis me derelictum. Vide mi Georgi! numquid præfenferat animus mihi: quod tunc ego ipfe cæcus, infulfus, caudex., ftipes, plumbeus, afinus, intelligere nequivi? Nonne ab amiciffimo meo, quem in locum omnium aliorum amicorum multifaciendum elegeram, derelictus fui? Paulo poft oravi; Magifter Remperte, fac ut apud te fiem! Certe (crede mihi) fi facere fibi datum hoc non eft: ut corpore in hoc mundo fuiffem apud eum: at faciet, ut in Elyfios campos citius ad eum defcendam. Non dixi, fac ut propediem venias! fed nefcio quo, nifi quodam Spiritu divino, quo cognovi: ut me eum fequi oporteat. Scripfi: fac, ut apud te fiem! Et faciet, & cito: ut apud eum fiem: Deinde in alio paffu optavi: ô utinam tu & ego, hinc biennium, cappis induti, capite rafi, Deo vixiffemus! Num hæc optatio nifi ad quandam mentis præfagientis virtutem venire potuit? At ego firme hic credo. quid tu fentias? nefcio. O quotiens ego mortis in eis litteris feci

memo-

memoriam! Plures alios similes continebat eadem epistola locos: qui si mihi memoriae haesissent, puto triginta de eis impleri posse folia. Sed epistola non reperit eum vivum. Oy me! jam die praecedenti tumulatus jacuit. Ea die, qua abs te discessi, tabes eum infecit letifera; ea die, qua Mellicum appuli, quae decima fuit ab ea, qua ultimo meis oculis eum videram, spiritum Deo reddidit, me proh! longe ab eo constituto. Quarta posthac luce, alias ad eum, quem ego vivere credidi, ex Mellico scripsi litteras: sed frustra: nam mea spes jam extincta fuit. O mi Deus! quotiens ego gemitus imo corde trahebam; causam ignorans. Nihil mihi unquam bono quivit esse solatio. Semper curam animo gessi; suspicans aliquid mali ne filium turbaret. In Geimicum veni locum religiosissimum: ubi dum sermo de eo incideret: Prior homo divinus, & mihi vere divinus, verum praedixit his verbis: *Tuus discipulus, magnus factus Plebanus, nunquam fiet monachus; nunquam amplius veniet ad nos.* O summe

Juppi-

Juppiter! nescivit, quid dixisset; cum tamen jam defunctum satis ostendisset. Certe de caetero nunquam ad nos veniet, mihi prophetasti. Decimo vero die, ab illa, qua meus dulcissimus animam expiravit animus, in Mellicum curru nihil harum rerum sciens revertor: quo in itinere, mentis mali praesagae quandam Elegiacam dulci filio meo epistolam impetus impulit scribendam. Eam tali orsus sum initio.

Luna semel latuit, completo cornibus orbe:
Bis denos ortus extulit alma dies.
Quod mihi sis longe distantes ductus in oras
Qui meus es animus, altera vita mea.
Nescio, quid timeo? me tarda reverso terret:
Hei mihi, quid timeo? nescio, quid timeo?

Perfectis illis versiculis, ita stupefactus mihi fuit animus, ut nihil jam ultra progredi possem. Sed rem ita liquissem plenam oportuit. Sicque statim Mellicum veni. Id factum (oy me! quod factum) cujus me tot terruerunt ante haec omina,

quodam

quodam murmure ut mucrone pectus meum perforante, aures meas graviter vulneravit; gravius cor & mentem consternavit. O Summe Deus! ô Pater omnipotens! ô fuperne conditor! ô alma immortalitas! Oy me! oy me! oy me! Hæc fuerunt illa, quæ meus præfenfit animus: hoc erat illud fudoris proluvium: hac tendebat illud Vale, æternumque vale! Ah! Ah! Ah! O Deus immortalis! hoc fuit illud, quod timui, nefcius, quid timerem? O creator omnium rerum! cur hunc fine me tulifti? O mors crudelis! cur alteram partem animæ meæ absque me lacerafti? O peftifera rabies! Cur, me falvo, vitam meam necafti? O mi Remperte! ô mi! ô mi! ô mi Remperte! Cur à me longe factus es? O mi fili! te nunquam filium appellabo. Tute leges dedifti. O mi dulcis anima mea! quando nunc (uti fæpe conftitueramus) dabitur cappas nigras pariter induere? O factum eft: Tu fine me; neque ego fine te. O fanctiffima Dei genetrix! Salvaftin' tibi devotum? infeliciffimus hominum omnium, cur non

ftatim

ſtatim ſecutus fui? O alme Deus! quare me ſibi comitem viæ & mortis non dediſti? O ſi! ô ſi! ô ſi! ſecum una me rapuiſſet hora! fuiſſet mihi dulce mori cum eo, quocum mihi vivere dulce fuit. Enecat me, quod ſuæ ſini præſens non fuerim? Conſilia dediſſem, ut vitam, (ſi viſum ſummo Deo fuiſſet) habuiſſet longiorem: doloribus ſuis compatientem me ſenſiſſet: ad bonam conſcientiam ipſum monuiſſem: paſſionem ſanctiſſimam Salvatoris noſtri (in qua ſola nobis omnibus data ſalus) coram mente ſua memoraſſem: aliquid pro eo, ſuaque ſalute, meme facturum (ut facilius ſe morti dediſſet; ſuamque mortem in Chriſti Domini paſſionem retuliſſet) fuiſſem pollicitus. Mortuum ad ſepulturam comitatus exequiis interfuiſſem. O Summa Trinitas! hæc omnia humanitatis officia mihi negata ſunt, non interfui: non conſolatus ſum. O quotiens mei memoriam in ſuis doloribus ultimis habuit! dicens: *O utinam meus hic eſſet Magiſter!* Oy! quantum ipſe pro me lugebit! O mi puer! vellem, & vere vere

vellem

vellem, apud te fuiffem! Pro te fingulos dies meos (verum dixifti) lugebo, flebo, dolebo. Nunc mihi dulcius erit mori. Veniat Atropos Parcarum ultima hora, quacumque volet, paratum inveniet; Dignum eft, fi tua praefentia gaudia tuli: tua abfentia, triftia feram quaecunque, quod fupereft vitae (fi paucum faltem etiam aliquid dici folet) fufpiriis; gemitibus plangendo teram. Nunquam meam excides memoriam. O Sancta Dei Virgo! quid profuit? quid juvit? Septem magna follicitudine liberales accepit artes, dignitatem confecutus eft cathedrae. Primum prae caeteris tenuit honorem. Hoy honorem! Utinam primum in clauftro devotionis habuiffet locum! Multa fibi de numeris, menfuris, ftellarum curfibus, harmoniis meis oftendi, fcripfi, declaravi manibus. Omnia tulit, abftulit, abfumfit una dies. O aeterne rerum conditor! nimirum fi millies in die gemitibus illa pulfo, dum in memoriam accedunt verficuli, quos olim ad eum dedi, lacrymas in oculis continere non valeo. Feci femel hos anni principio.

R *Æquo-*

Æquora quot volvunt guttas, quot fidera
cœlum:
Mundus quot puncta inſtantia tempus habet.
Tot tibi nunc annos, mea ſpes, mea ma-
xima cura:
Det, quæſo, felices, Juppiter omnipotens.

O Summe Creator! optabam ego ſibi multos: Sed vide! plene non duos addidiſti. Feci item & alios, quibus ad collationem invitatus venerat. Hos ſcilicet:

Te peto Remperte, qui es re mihi carior
omni;
Hoſpes ut in cœna, nunc meus eſſe velis.
Piſciculos dulces capies, & dulcia vina:
Et te præſente, gaudia multa feram.

O Alme Deus! nunquam mecum edet, neque bibet. Plures alios quoque & ſæpenumero ad eum ſcripſi: quos ſi revolvo, lacrymas imo corde excutiunt. Sed quid hæc ſingula me feciſſe prodeſt? Supreme Creator omnium rerum! Eum à me tuliſti, qui fuit altera medietas vitæ meæ. Oh immaturum funus! hoy acerba mors!

O

O inopinatus exitus! O infperata hora! Heu me vivnm! Sed juftiffime Deus! tua fancta funt opera: fiat voluntas tua! Si fic, voluntate tua difponente, provifum eft, melius fieri non potuit. Optime factum. Sed homo fum: graviter valde fero. Animam tamen, quam meae adeo conjunctam atque unitam creafti, à poenis, precor, erue; tuaque miferatione à canibus cerberi protege. Fac, ut apud te, ordine mutato, (fic mihi vifum) in me continuum habeat exoratorem: interceflorem quoque pro me ego meo eheu! Vide mi Georgi! quam breve atque perturbatum datur hominibus gaudium! Ubi eft noftra ordinatio, qua multa inter nos tres fieri cogitabamus? Nobis quidem cogitare conceditur: fed ille, qui fupra eft, ut fuae lubet Majeftati ordinat; & rebus omnibus (nobis quidem incertos) largitur exitus. Quantis, putas, fit cor meum in moleftiis? Credo, nulla lingua, nullus calamus hominis, fatis id oftendere poffet. Sic meus confternatus eft animus hujus folius hominis exceflu. Quod fi tota parentela mea (quae tamen lata & multa exiftit) morte obiiffet; non tanto turbatus effet effectus. Dico tibi; Nifi & Euriali vix major erat, quam noftra conjunctio. Si fuo exitui præfens fuiffem, ficut ille iftius, non diffimiliter mecum actum effet puto. Nihil mihi videtur amplius effe, quapropter in vita mea gaudia fumam: in te tamen, ut ab initio dixi, venit ordo; ut te modo præ cæteris quæ funt hominibus corripienda. Fac igitur, ut te amicum fentiam, ficut hunc hactenus fenfi, measque triftitias perlege; atque quantum amaritudinis infit animæ meæ cognofce. Tu (fi potes) mihi compatere. Si longiores, fine modo, fine ordine, fine cultura, fcripfi litteras, mihi parces. Nil mirum enim, fi perturbatus, anguftia plenus, Spiritu confoffus & confufus, confufas, perturbatas faciat & ineptas. Vale. Ex Mellico.

Druckfehler.

Seite.	Zeile.	lies	statt
4	11	Delphis	Delphi
5	5	Delphis	Delphi
27	in der Note (*) Z.1	confilio statt	concilio
28	ebenfalls Z.2.	confilio statt	concilio
44	15	die man sich nur verschafft,	statt: die sich nur 2c.
58	12	leichte	leichter
63	2	Canus	Cannus,
68	10.11	Peldrimowsky	Peldrizirriowsky
74	17	auch	auf
147	21	Burneti	Burnetti
150	4	Bullingen,	Büllingen
170	19	Brusch,	Beusch
194	unten sind die Noten (**), (***), versetzt.		
199	8	Wagneret,	Wagneret

www.ingramcontent.com/pod-product-compliance
Lightning Source LLC
Chambersburg PA
CBHW031252250426
43672CB00029BA/2184